ローザ・ルクセンブルク

獄中からの手紙

ゾフィー・リープクネヒトへ

大島かおり編訳

みすず書房

BRIEFE AUS DEM GEFÄNGNIS

by

Rosa Luxemburg

本書は　Rosa Luxemburg: BRIEFE AUS DEM GEFÄNGNIS, Verlag Jugendinternationale, Berlin　1929 をもとに, Rosa Luxemburg: GESAMMELTE BRIEFE, Institut für Marxismus-Leninismus beim ZK der SED, Dietz Verlag, Berlin 1984 によって補完と訂正を施し, 日本語版として独自に編集したものです.

目次

ローザ・ルクセンブルク　1871–1919

はじめに

この書簡集は、第一次世界大戦のほとんどの期間を獄中で送ったローザ・ルクセンブルクが、その最後の二年余のあいだにゾフィー・リープクネヒトへ書き送った手紙を集めたものです。ローザの非業の死の後に公刊されて、爾来、それまで「血のローザ」と呼ばれたほどの過激な革命家としてのイメージを一変させる記録文書として、彼女の遺した文章のなかではもっとも広く読まれてきました。

ローザは一八七一年、当時ロシア支配下にあったポーランドのザモシチに、比較的裕福な同化ユダヤ人商人の末娘として生まれました（一八七〇年生まれという説もあり、そうであればレーニンと同年です）。一家はまもなくワルシャワに転居し、ローザはそこの女子高等学校に在学中からすでに社会主義運動に加わり、一八歳のとき、逮捕の危険を逃れてスイスへ亡命、チューリヒ大学で学ぶと同時に、政治亡命者たちとともにポーランドの運動のために働き、学位取得後にはドイツ市民権を取得してベルリンに移り住んで、文筆・政治活動を国際的にもひろげていきました。一九〇四年以降には幾度となく投獄されながらも、ドイツ社会民主主義陣営の政治理論家、革命家として活躍し、とくに第一次世界大戦が始まって社会民主党が戦争支持にまわってからは、党内最左派として批判的立場を強めて反戦活動に力を注ぎ、そのために長い獄中生活を強いられた末に、ドイツ敗戦につづく革命によって釈放されてから二か月後の一九一九年一月一五日、ベルリンでの争乱のさなか反革命軍によって虐殺されたのでした。

手紙の受け取り手のゾフィー・リープクネヒト（一八八四―一九六四年）は、ドイツ社会民主党の国会《ライヒスターク》議員でただひとり反戦を貫いてローザとともに一九一六年にスパルタクス団、のちのドイツ共産党を立ち上げた同志、カール・リープクネヒト（一八七一―一九一九年）の妻です。ロシアのロストフ・ナ・ドヌ生まれで、ドイツのハイデルベルク大学で学位を取った美術史家でした。彼女は妻に先立たれたカール・リープクネヒトと一九一二年に結婚し、夫と先妻とのあいだの子ども三人を育てながら夫の政治活動を支えていましたが、ローザが彼女との友情を急速に深めたのは、一九一六年、メーデーの反戦デモでカール・リープクネヒトが逮捕されたころからのことです。ローザはこの年若い、どちらかといえば非政治的で芸術家肌の友だちをつねにかばい、「ひびの入ったガラスのような」脆さがあるのを案じて励ましていましたし、美術や文学、そしてなかんずく自然をともに楽しんだ仲でもありました。

これらの獄中書簡を書いたときのローザは、社会民主党をもまきこんで戦争遂行のための挙国一致態勢をめざすドイツ帝国政府がなんとしても沈黙させておかねばならない危険分子として、「公共の治安」のための保護拘禁というかたちで投獄されていました。その二年まえの一九一四年には、彼女は前年の反戦演説のせいで一年の禁固刑の判決を受け翌一五年に入獄、一六年二月に釈放となりましたが、その五か月後の今回の入獄は、裁判ぬきの、行政権限による措置です。保護拘禁では獄内での個人的自由は多少認められていたものの、法律上は三か月と定められている拘禁期間は、拘留命令を繰りかえし更新することでいくらでも延長できました。外界との接触はもちろん制限されて、面会は月に一回、当局の許可した者一名だけ、手紙を出せるのは月に二通だけ、すべては検閲されましたが、それでもローザの手紙や文書は監視の目をくぐって運びだされましたし、この書簡集にも、秘密のルートで届けられたとおぼしき手紙があります。

しかし当局の検閲と監視は度外視できない以上、これらの手紙は政治的な問題には触れず、ごく個人的な私信のかたちをとっていますし、それに相手に心配をかけまいとしてでしょう、たとえば自分の病気についての言及はわずかしかありません。ローザはじっさいにはかなり病弱で、これまでも胃潰瘍、貧血、肝臓障碍などでたびたび倒れています。にもかかわらず「両端の燃える蠟燭のように」生きてきた彼女の健康は獄中生活で確実に蝕まれて、一九一八年晩秋についに自由の身となって再び闘争の場に復帰したとき、眼ばかりは輝いていたものの、黒髪は白くなり老いて病み疲れたその姿に、同志たちは愕然とし不安を抱いたと伝えられています。

革命家たちは、公共性の光を浴びて活動しているとき以上に、牢獄の闇と外界との隔絶に耐えているときに、その持ち前の個性がはっきりと現れ出ることが多く、この書簡集はその一つの典型といえます。二〇世紀初頭のあの激動と革命的昂揚から遠くへだたった今日なお、いやそれだからこそ、わたしたちはまた新たな感慨をもって、時代の波に凜として立ち向かったこの傑出した女性のきわめて人間的な姿に向き合うことができるでしょう。

ローザ・ルクセンブルクの書いた手紙はいまでは全書簡集（Rosa Luxemburg: *Gesammelte Briefe*, Institut für Marxismus-Leninismus beim ZK der SED, Dietz Verlag Berlin 1984）にまとめられています。そこでこのたびの日本語訳では、一九二〇年の初版にもとづくRosa Luxemburg: *Briefe aus dem Gefängnis*, Verlag Jugendinternationale Berlin 1929を底本にして、その版では未載録の手紙と省略されている部分をこの全書簡集の第五巻から補い、またいくつかの訂正も全集にもとづいておこないました。

なお、注記や補足は最低限にして本文中に（ ）で入れ、そのほか説明が必要と思われる場合には、手紙のあとに短文を付しました。いくつかの手紙の場所と日付けに［ ］がついているのは、郵便スタンプ等にもとづく推定であることを示しています。

1907年，シュトゥットガルトの社会主義者会議でのローザ

I

ライプツィヒから

〔ライプツィヒ　一九一六年七月七日　葉書〕

親愛なゾーニア！

今日はうだるような蒸し暑さ、ライプツィヒではたいていこうなのです――ここの空気はほんとにやりきれません。午前中の二時間は、池の端の緑地にすわって、『資産家』〔ゴールズワージー作〕を読んで過ごしました。すばらしい作品です。年取った小母さんがひとり、わたしのそばに腰をおろして、本の表紙にちらっと目を走らせ、にっこりして言うには、「きっとすてきな本でしょうね。わたしも本が好きなんですよ」。座りこんで本を読むまえにわたしがしたのは、もちろん緑地の樹木や灌木の品定め――どれもわたしの知っている姿かたちの木だと、満足をもって確認したところです。ところが人間との接触となると、満足が得られることはますます少なくなるばかり。いまに世捨て人暮らしに引きこもることになりそうです、聖アントニウス〔四世紀にエジプトの荒野で誘惑とたたかった隠者〕みたいに――ただし誘惑なしの（sans tentations）隠棲にね。どうか明るく、そして平静に。

11　1916年7月7日

心からの挨拶を
あなたのローザ

お子さんたちによろしく

この葉書はローザ・ルクセンブルクがまだ獄外にいたときにゾフィー・リープクネヒトへ書き送った唯一の便りで、この三日後の七月一〇日に彼女は拘禁される。この年のはじめに刑期を終えて釈放されてからの半年たらずの月日は、ローザが普通の生活を送ることのできた最後の期間だった。出獄した当座はひどく衰弱して激しい胃痛に苦しめられていたが、休養を拒んで仕事に打ち込み、三月にはカール・リープクネヒトたちとともにスパルタクス団を結成、彼女が獄中から書き送っていた「指針」が活動綱領として採択される。そして各地での会議にも出向き、逮捕の前日まではライプツィヒの党集会に出ていた。

呼びかけのゾーニアというのはゾフィーの愛称で、ローザはそのほかにもポーランド風にゾニチュカ、ゾニューシャ、という愛称も使っている。カール・リープクネヒトとの共同作業が密になったこの時期に、ゾフィーとも急速に親しくなったらしい。ただローザは、年長の同志で親友だったクララ・ツェトキン（一八五七―一九三三）やルイーゼ・カウツキー（カール・カウツキーの妻、一八六四―一九四四）には二人称親称 du を使っていたの

ハイキング姿のカール・リープクネヒトとゾフィー

にたいし、ゾフィーには敬称Sieで呼びかけている。

結びの一文の「明るくheiter」と「平静にruhig」という二語を、ローザはゾフィーに繰りかえし使っていて、前者は明るい快活な気分を、後者は平静で泰然自若とした心静かな状態を表す言葉。この葉書のころは、ゾフィーの夫カール・リープクネヒトが、祝うことすら禁止されていたメーデーにスパルタクス団が独力でおこなったデモで反戦・反政府演説をおこない、その場で逮捕されて、六月末に二年半の懲役の判決を受けたばかりだった。

読者カード

みすず書房の本をご購入いただき，まことにありがとうございます．

書　名

書店名

・「みすず書房図書目録」最新版をご希望の方にお送りいたします．

（希望する／希望しない）

★ご希望の方は下の「ご住所」欄も必ず記入してください．

・新刊・イベントなどをご案内する「みすず書房ニュースレター」（Eメール）をご希望の方にお送りいたします．

（配信を希望する／希望しない）

★ご希望の方は下の「Eメール」欄も必ず記入してください．

（ふりがな） お名前　　　様		〒
ご住所	都・道・府・県	市・郡 区
電話	（　　　）	
Eメール		

ご記入いただいた個人情報は正当な目的のためにのみ使用いたします．

ありがとうございました．みすず書房ウェブサイト https://www.msz.co.jp では刊行書の詳細な書誌とともに，新刊，近刊，復刊，イベントなどさまざまなご案内を掲載しています．ぜひご利用ください．

郵便はがき

料金受取人払郵便

本郷局承認

4150

差出有効期間
2022年5月
31日まで

113-8790

東京都文京区
本郷2丁目20番7号

みすず書房営業部
行

通信欄

(ご意見・ご感想などお寄せください．小社ウェブサイトでご紹介させていただく場合がございます．あらかじめご了承ください．)

II

ベルリンから

ベルリン　［一九一六年］八月二日［葉書］
［バルニム街監獄］

親愛なゾーニア！

今日、八月二日、あなたのお手紙二通をいっしょに受け取ったところです。七月一一日（!!）のと、七月二三日のを。おわかりでしょ、わたしへの郵便物はニューヨークへよりもっと時間がかかるんですよ。送ってくださった何冊もの本も、これまでに手もとにきています、ほんとうにいろいろとありがとう。あなたをいまの状況に置きざりにしてこざるをえなかったことを思うと、辛くてなりません。どんなにか、あなたとまたいっしょに野原をすこし歩き回ったり、台所の出窓から夕日の沈むのを眺めたりしたい。あなたのことを考えると、とても孤独で心細そうなようすばかり目に浮かんで、胸が痛みます。でもきっとほかの友だちがいろいろと付き合ってくれているでしょうね。読書もしています？『レッシング伝説』〔フランツ・メーリング著〕をぜひとも読むよう、重ねてお勧めします。思考を働かせておかなくてはいけません、さもないとあなたは日常の些事と絶えまない神経の緊張で倒れてしまいますよ。それに、どこかへ静養にゆく話はどうなりました⁉　何週間か、行っていらっしゃい。その間カールに必要なものを届けてくれる人くらい、きっと見つかるでしょう。――ヘルミ〔カール・リープクネヒトの息子ヴィルヘルム〕から、旅のようすを詳しく書いた葉書をもらいましたよ。――ヘルダーリンの本も、幾重にも感謝。でもわたしのためにそんなにお金を使ってはいけません、心苦しくてなりませんもの。いろいろと結構な品じな、それにスイートピーにも、心からお礼を申します。近いうちにまた手紙をくださいね、そうすれば今月中にわたしのもとに届くかもしれませんから。あなたの手をしっかり温かく握りしめます。気丈でいてください、落ち込んではいけません。わたしは心の中ではいつもあなたのそばにいます。カールとお子さんたちにどうぞよろしく。

あなたのR

ピエール・ロティはすばらしい、ほかの本はまだ読んでいませんけれど。

ベルリンのバルニム街にあるこの監獄はローザが前回、一年の刑期を過ごした同じ女性用監獄だが、今回は保護拘禁者であるため待遇はいくぶんよく、本その他の差し入れも許され、医師の処方による病人食を秘書のマティールデ・ヤーコプが運ぶこともできた。

ゾフィーは、夫カールが社会民主党を除名され逮捕され、弁護士としての収入の道もまったく閉ざされて、経済的にも苦境に立たされていた。これにつづく八月二四日の葉書は、カール・リープクネヒトが第二審で懲役四年の判決を言い渡された日に書かれている。

ベルリン　一九一六年八月二四日［葉書］
［バルニム街監獄］

親愛なゾニチュカ、いまあなたのそばにいてあげられないなんて！　こんどのことはひどく胸にこたえます。でもどうかお願い、頭を高く持していてください、いまにいろいろのことがきっと変わってきます。でもいまはここを離れなくてはいけません――どこか田舎へ、緑の中へ、美しくて、あなたが世話をしてもらえるところへ。ここにじっとしたまま、どんどん落ち込んでいくなんて、まったく無意味です。最終審までにはまた何週間もかかるでしょう。どうかできるだけ早くどこかにお行きなさい……カールだって、あなたが休養をとっていると知ればきっと安心しますよ。一〇日のお便りとすてきな差し入れ、ほんとうにありがとう。来年の春には、きっといっしょに野原や植物園を歩けるでしょう、いまから楽しみにしています。でもいまはここを離れるんですよ、ゾニチュカ！　ボーデン湖《ゼー》に行けないかしら、あそこなら少しは南の気分が味わえますよ⁉　お出かけまえに、ぜひともお会いしたい。司令官に面会請願書を

リープクネヒト一家，1913年．左からヴィルヘルム，ゾフィー，ヴェラ，カール，ローベルト

出してください。またすぐお便りをくださいな。なにごとがあっても、心静かに明るくね！

あなたを腕に抱きしめます。

R

カールに千遍も心からの挨拶を。

ヘルミからと、ボビー〔リープクネヒトの息子、ローベルト〕からの葉書、両方とも拝受、とてもうれしかったですよ。

III

ヴロンケから

［ヴロンケ］　一九一六年一一月二一日

大好きなゾニチュカ、お兄さんが戦死なさったとのこと、マティールデから聞きました！　またしてもこんな打撃があなたを襲うなんて、ほんとうにショックです。ここのところ、あなたはなんという心痛に耐えなくてはならないことか！　それなのにわたしは、いくらかでも慰め元気づけるためにそばにいてあげることすらできない！　……それにあなたのお母さんのことも気がかりです、この新たな受難をどう耐え忍ばれるのでしょうか。いまは悪しき時代、わたしたちはみな長い過去帳をつづらねばなりません。ほんとに、いまのどのひと月もセヴァストポリでのように一年に相当しますよ。もうすぐお目にかかれるでしょうね、心の底から待ちこがれています。お兄さんの訃報はどうやってあなたに届きました？　お母さんをつうじて、それとも直接に？　もうひとりのお兄さんのご消息は？

マティールデをつうじてあなたになにか贈りたかったのですが、悲しいかな、ここにいてはあの小さな色模様のハンカチのほか、なに一つありません。笑わないでくださいね、あなたをとても愛していることだけでも伝えたかったのです。あなたがどんな様子かわかるように、近いうちに一筆お願いします。
カールにくれぐれもよろしく。
心をこめてあなたを抱きしめます
あなたのローザ

お子さんたちによろしく！

ヴロンケはプロイセンのポーゼン州の小都市で（現在はポーランドのヴロンキ市）、ベルリンの東二〇〇キロ余り、そこにある古い要塞が大刑務所となっていて、ローザは一〇月末にここへ移された。
彼女はバルニム街監獄に拘禁されてまもなく監視役の刑事が交代になり、いやがらせばかりする新しい監視者に反抗したために、九月に「懲罰移監」としてアレクサンダー広場の警察本部留置所へ移されていた。そこは水道も電灯もない「地獄のような地下牢」で、「このひと月半で頭には白髪が、神経には消すことのできない傷が残った」と、のちにローザは友人への手紙に書いている。それに比べるとヴロンケの監獄ははるかに牧歌的で、彼女はかなりの自由を許された。当分は釈放の見通しがないことを覚悟した彼女は、冷静な目で世界の動きを注視しつつ論文をつぎつぎと書き、それらは獄外へ「密輸」された。友人たちに出した手紙もここでの時期のものがもっとも多く、そこからは彼女がこの新しい環境で示したじつに個性的な知性と感性とその成熟がうかがえる。

マティールデ・ヤーコプはローザが信頼し友情で結ばれていた秘書で、一九一五年以降のローザの獄中生活ではもっとも頻繁に彼女と接触し、身辺の世話からローザと外界の秘密の連絡まで、ほとんど一手に任されて献身的に尽くした女性だった。この手紙の書かれる直前の一一月半ばに彼女はヴロンケ訪問をはじめて許可され、一週間滞在してローザに面会している。彼女の報告（『獄中のローザ』）によると、ローザが収容されたのは、巨大な監獄棟の脇の奥まったところにある女性政治囚用の小さな平屋建て二部屋の家で、専用の小さい中庭があった。また管理当局の検事と看守長が温情ある人物で、ローザにたいして好意的だったという。

ゾフィーはロシアのドン河畔ロストフ出身で、母親はこのころもそこに暮らしていた。「セヴァストポリでの一年」というのは、トルストイのクリミア戦争体験にもとづく短編『セヴァストポリ物語』のなかの兵士の言葉、「ここでは万事、ひと月が一年に計算される」を指している。

［ヴロンケ　一九一七年一月初旬］

ゾニューシャ、わたしの大好きな小鳥さん！

ほんとうにありがとう、みごとなクリスマス・ツリーと、すばらしい絵と、きれいな鏡‼ そしてあなたの心遣いと手紙を。痛いほど手紙を待ちこがれていたのです。あなたを案じて心休まる日はなく、あなたに会いたい、せめて数行の手紙をつうじてでももっとしばしばあなたと触れ合いたい。たびたび手紙をくださらなくてはいけませんよ、わたしには遠慮なくなんでも書いていいのです、ここでは手紙を直接に受けとれます。わたしがあなたの本質的特徴のどれかを理解できないとか馬鹿にしているとかお思いだとしたら、大間違いですよ。あなたはわたしのことをまだ完全にはご存知ない。およそ人間的なもの、そして女性的なものも、わたしにとって何ひとつ縁遠いものでも、どうでもいいものでもありません。わたしはあなたが想像している以上に、もうあなたを理解しているとさえ思っているし、あなたがカールとともに、そしてカールのせいで——つまりいまの彼の状態のせいで——陥っている悲劇的な葛藤の全体を、ちゃんと見てとっているつもりです。かわいそうなあなたをこの酷い状況からなんとしても引きずり出したい。そのためならどんな乱暴な手段だって厭いませんよ。とはいっても問題もその解決も、あなた自身に、あなたの内面にひそんでいるのです。カールがあなたを内面的にまだこれほど支配しているとは思っていませんでした。そうであるなら、あなたに助言できる名案などわたしにはありません。坊やたちについては、あなたがせめて外面的な平穏だけでも得られることを願っていたのですが、あなたの意志を重んじましょう。あなたのお母さんの場合は、あなたが言うほど絶望的だとはまったく思いませんよ。お母さんに会うためにスウェーデンに行きたいからと、旅行許可申請をケッセル将軍にお出しなさい（あるいは外務省にかしら？　オスカー・コーンに訊けばわかりますよ）。この戦争で肉親を喪ったことを理由として申し立てれば、きっと許可は下ります。そしてもしお母さんが出国させてもらえないようなら、あなたが娘であるという証明書で何週間か彼女のところへ行くことは可能かもしれない。カールのためにいまあなたができることはあまりないし、彼との面会もどっちみち三か月に一回なのですから（そういう規則ですよね？）カールにしても二、三か月のあいだあなたを放免するくらいの犠牲は払って当然です。きっとつべこべ言わずにそうしてくれますよ。そしてあなたはお母さんに会って安心でき、元気になって帰ってこられる。だからすぐに申請をお出しなさい。それについて手紙をくださいね！　この手紙には直接触れないほうがいいですが、ほかのことならなんでも自由に書いてかまいませんよ。

ゾニューシャ、かわいい娘さん、できるかぎり自分を大切にね。たっぷり新鮮な空気に触れるように植物園へお行きなさい（そしてどんな花が咲いているかわたしに説明してください）。気分転換のために、よい小説を読むこと、そしてたくさん人付き合いをすること。ひとりでいるのは、いまのような気分でいるときにはよくありませんよ。サナトリウムへ行く話はどうなりました？　どこのサナトリウムに、いつ？　ぐずぐずしていてはだめ。なるべく早くスウェーデンへ行くか、さもなければすぐサナトリウムへお入りなさい。またお手紙くださいね！

心をこめて抱擁を
いつも変わらず忠実な　あなたのローザ

実務的なお願い。立て替えてくださった金額がいくらになるか、すぐ手紙でお知らせください（本二冊と、とてもすてきなブローチ！）それから化粧水一瓶と、羽毛のおしろい刷毛一つを、また送っていただけませんか（郵便小包で）。

ヴロンケ　一九一七年一月一五日

ゾニューシャ、わたしの小鳥さん、もしもわたしの願いどおりにいくならば、この手紙は一八日の朝一番の配達であなたのベッドに舞いおりて、お誕生日おめでとうを言い、わたしが訪ねていってまる一日あなたといっしょにいてあげると告げるでしょうに。むろんこれは当面、頭の中で「即興的」に演じる訪問にすぎません。でもこの日には、わたしの想いはあなたに寄り添い、あなたとともにいます。だから感じとってくださいね、あなたはもう心が凍えていてはいけない、わたしの愛と温もりが柔らかなマントのようにあなたを包んでいるのだと。わたしのかわいそうな娘《こ》、ひとりぼっちで苦悩をかかえているひと、せめてこの日にはわたしの手紙であなたに陽のさすひとときを用意したい。残念ながらもはやズュートエンデ〔ローザの住いのある地区〕で、あなたのお気に入りの窓の隅に白くきらめくアイリスを飾って、炎を発して沈みゆく太陽と黙示録を思わせるような雲の動きを見せてあげることはできない——あればかりは、わが家から唯一見ることのできるみごとな光景だと思うのですが。そのかわりに、ヒヤシンスとチューリップを送ります、それにわたしの描いた絵も（ただしこれらの花にはまるっきりそぐいませんけれど）。もう一つ、わたしたちの軽薄な趣味に合う贈りものをブリュッセルに注文してあります（あそこはいくらかパリ風ですからね）。ただ残念なことに間に合いそうにありません、後日、よろこんでもらえることを願っています。わたしたちの友人たちがきっとこの日には力のかぎり、あなたの美しさを引き立ててくれることでしょう。ここで鎖につながれているわたしには、それが慰めです。

ああ、今日は辛さを感じた一瞬がありました。三時一九分、機関車の汽笛がマティールデの出発を知らせたときです。わたしは檻の中のけもののように、いつもの塀ぞいの「散歩道」を行きつ戻りつしていました。心臓が痛みに締めつけられました、わたしもここから出てゆきたいのに出られない、ここを出られさえしたら！　でもだいじょうぶですよ、わたしの心臓はすぐにぴしゃりと平手打ちを喰らって、おとなしくなりました。もう慣れっこになっているんです、よく躾けられた犬のように命令に従うことに。こんな話はもうやめましょうね。

ゾニチュカ、わたしたち戦争が終わったら何をするつもりだったか、まだ憶えておいでかしら？　いっしょに南へ旅すること。やりましょうね！　わかってますよ、あなたはわたしといっしょにイタリアへ行くのを夢みている、それがあなたの最高の望みですよね。ところがわたしの計画は、あなたをコルシカへ連れていくこと。イタリア以上のところですよ。あそこにいるとヨーロッパを忘れます、少なくとも近代ヨーロッパを。頭に思い描いてみてください、山と谷の厳しい輪郭をもってひろがる英雄的な風景、上方には高貴な灰色のむきだしの岩塊のほかは何ひとつなく、下の方には鬱蒼としたオリーヴと月桂樹と、太古からの栗の樹々。そしてそのすべてを覆う世界創造以前の静寂――人の声も鳥の啼き声もなく、聞こえるのはただどこか岩間を走る小川のせせらぎ、あるいは上方の岩塊を吹きぬける風のささやき――オデュッセウスの帆をはらませたのと同じあの風です。そして人間について言えることも、この風景にぴったり見合っています。たとえば、山道の曲り角の向こうから不意にキャラヴァンの一隊があらわれる――コルシカ人はわたしたちの農民のようにかたまって歩かないで、前後に長い隊列をつくって進みます。ふつう先頭には犬が一匹、そのあとを山羊一匹か、栗でいっぱいの袋を背負った小さな驢馬《ろば》がゆっくりと歩み、つづいて大きな騾馬《らば》、その背には女が一人、子どもを抱いて、横向きに、脚をまっすぐに垂らして座っている。背筋をぴんと伸ばして、ほっそりと糸杉さながらの姿で、身じろぎ一つせずに。そのかたわらを髯面の男が落ち着いたしっかりした足どりで歩き、二人とも沈黙したまま。あなたは断言するでしょうね、これは聖家族だと。コルシカではこういう光景にしょっちゅう出会いますよ。わたしはそのたびに感動して、思わずひざまずきそうになったものです、全き美しさをまえにするといつもするように。あそこでは聖書が、そして古代が、まだ生きているのです。ぜひ行きましょう、そしてわたしがしたのと同じように、徒歩で全島を横断し、夜ごと別の場所で休み、日の出はもう歩きはじめてから迎えるというふうにしましょう。その気になりそう？　あなたにこの世界を見せてあげられたら、どんなにうれしいことか、わたしの小さな女王さま（ma petite reine）！

そうですとも、ゾニチュカ、あなたが小さな女王だということを忘れてはいけませんよ。あなたが自分でそうおっしゃったのですよ、それなのにそれを忘れて身を落とし、まるで小さな洗濯女のように振る舞ったり話したりしたこともしばしばでした。もうそんなことをしてはいけません。この四年間にあなたは内面の確かな拠り所を得て、おかげでカールはあなたを、そのまえで頭を下げねばならぬ小さな女王だとみなすようになっているではありませんか。それに必要なのは内面の規律と自尊の念だけ、それをあなたは獲得しなくてはいけません。それを得る義務を自分にたいして負っているのです――そしてあなたを愛し尊敬しているわたしにたいしても。

たくさん本を読んでくださいね、ゾニチュカ、精神的にも前へ進まなければ。あなたにはそれができる――まだ若くて、柔軟ですもの。――もうこれでペンをおかなくてはなりません。

さあ、あなたの膝にわたしの三人の裸の赤ちゃんをのせますよ、そしてあなたを抱きしめます。この日には明るく落ち着いた気持でいてくださいね。

あなたのローザ

追伸。こんどカールに面会にいらしたら、彼に渡してある〔トーマス・〕マコーレーの本（タウホニッツ出版）をわたしのところへ送っていただけませんか。

ヴロンケ監獄
一九一七年二月一八日

最愛のゾニチュカ！

あなたの手紙、とてもうれしかったのですけれど、そのどの行《ぎょう》からも苦しみにやつれた顔が浮かびあがってきて、とても辛くなりました。あなたは出かけなくてはだめ！　なぜぐずぐずしているんです？　どうして断乎はっきりした決心をしないの？　先延ばしにする一日ごとに、あなたのいまの状態にたいして罪を重ねることになるんですよ！　ハンス・ディーフェンバッハ〔ローザの親友〕お薦めのアイデンバッハへお行きなさい。あそこで彼はたいへん手厚い世話を受けましたから。

たえて久しくなかったほどの衝撃だったのは、マルタ〔・ローゼンバウム〕の手短な報告でした――あなたがカールに面会に行ったとき、鉄格子の奥の彼がどんなふうだったか、それがどんなにあなたの胸にこたえたか。どうしてあなたはわたしには黙っていたの？　わたしには、あなたの苦しみはなんであれ分かちあう権利があります。この所有権の侵害は許しませんからね！　ちなみにこの件は、一〇年まえにワルシャワの要塞監獄でわたしの兄姉たちとはじめて面会したときのことを、まざまざと思い出させました。あそこでは面会のときは、金網でできた文字通りの二重檻、つまり大きな檻のなかに置かれた小さな檻に入れられて、ちらちらと視界を妨げる二重の金網ごしに話をするしかないのです。ちょうどそのとき、わたしは六日間のハンガーストライキのあとでひどく衰弱していて、騎兵大尉（ここの要塞監獄司令官）はわたしをほとんど担ぐようにして面会室へ連れていかざるをえませんでした。わたしは檻の中で金網に両手でしがみついて身を支えていました。それが動物園のけだもののような印象をいっそう強めたことでしょう。檻はかなり暗い部屋の隅に置かれていたので、兄は金網に顔を押しつけんばかりにして、「おまえ、どこにいるんだ？」と何度となく訊いては、涙で曇った鼻眼鏡を拭いていました。——カールの身代わりになれるものなら、わたしはいまどんなにか喜んでルッカウの檻の中に入るでしょうに！

プフェムフェルト〔出版人〕にゴールズワージーのお礼をお伝えください。うれしいことに昨日、最後まで読みおえました。ただこの小説は『資産家』ほどは気に入りません。この作品のほうが社会小説的な傾向が強いにもかかわらずではなくて、その傾向のせいです。わたしが小説に求めるのは傾向ではなく、芸術的価値です。この点から見ると『友愛』ではゴールズワージーが才気走りすぎているのが気になります。妙なことを言うとお思いでしょうね。でもこれはバーナード・ショーやオスカー・ワイルドと同じタイプ、いまイギリス知識人のあいだにとても広まっている一類型ですよ、とても利口で洗練されてはいるけれど倦怠している高慢な人たちで、この世のすべてを懐疑的な苦笑を浮かべて眺めている。ゴールズワージーが彼の登場人物たちについて、真面目くさった顔で加える軽妙辛辣な注釈には、たびたび噴きだしてしまいます。でもほんとうに育ちのいい上品な人は周囲にどんな嗤うべきものを見つけても、けっして、あるいは滅多に嘲笑なぞしないのと同様に、ほんとうの芸術家は、自分の創りだした人物を皮肉ったりはしないものです。おわかりですね、ゾニチュカ、だからといって偉大な表現様式の風刺まで締め出してしまうわけではありませんよ！　たとえばゲルハルト・ハウプトマンの『エマヌエル・クィント』は、ここ百年に書かれたもののうち最も痛烈な近代社会風刺です。でもハウプトマン自身は書きながら嘲笑を浮かべてはいない。最後まで来たときには、唇をふるわせ、大きく見開いた目には涙が光っているのです。ところがゴールズワージーの才気走った作中講釈ときたら、まるで夜会の席で隣りあわせた男が、新しい客がサロンに入ってくるたびに悪意ある人物評をわたしの耳にささやくような感じなのです。

クララ〔へ・ツェトキン〕が『資産家』にとても感激したと書いてきましたよ。でもわたしたち――あなたとわたし――の好きなアイリーニ〔ヒロイン〕にたいする彼女の判定は、なんともピューリタン的で手厳しい。あの魅力あるアイリーニ、肘で人を押しのけて世の中を渡るには弱よわしすぎ、踏みつけられた花のように道にたちすくんでいるひと――こういう「ご婦人がた」にたいする理解はクララにはないのです。クララに言わせれば、彼女たちはただの「生殖器と消化器」にすぎません。まるで女性はだれでも「アジテーター」とか速記タイピストとか電話交換手とか、そんなふうな有益な者になれるとでもいうように！　そして美しい女性は――美しさは見目よい顔だちのことだけじゃない、内面の繊細さと優美さも欠かせません――わたしたちの目を喜ばしてくれるのですから、その点だけからしても天上からの贈りものだと言えるでしょうに、それを頭から否定しているかのように！　もしもクララが未来国家の門のまえに立つ智天使《ケルビム》となって、炎を放つ剣でアイリーニたちを追い払うようなことになったら、わたしは両手を合わせてクララに頼みましょう。お願いです、か弱いアイリーニたちがハチドリやランのように地上を飾ること以外の役には立たないとしても、どうかわたしたちのところに置いてやってください。どんな姿かたちの贅沢であれ、わたしは贅沢の味方です。

そしてゾニチュカ、わたしのこのとりなしの弁をあなたはきっと支持してくださるでしょうね。優美な女性は愛すべき存在であって、それだけで十分に彼女たちは生存権をもつのだ、と。なにしろあなたの場合、これはあなた自身のための弁論になるでしょうからね。
今日はまたもや日曜日、囚人や孤独な者にとっていちばん耐えがたい日です。わたしは悲しいけれど、でもあなたが、そしてカールも、そうでないことをせつに願っています。いつどこに静養にお出かけか、早く知らせてくださいね。
心をこめて抱擁を、お子さんたちによろしく。

あなたのR

プフェムフェルトがまた何かいい読み物を送ってくださらないかしら？　もしかしたらトーマス・マンでも。彼の作品はまだ読んだことがないのです。もう一つお願い。外に出ると日射しが眩しくなりはじめました。黒い薄地のヴェールを一メートル、封筒に入れて送っていただけませんか、黒い水玉模様を散らしたのを!!　まえもってお礼を申します。

このころカール・リープクネヒトは、最高裁への上告が却下されて、一九一六年一二月はじめからザクセンのルッカウ刑務所で服役していた。

ローザが悪名高いワルシャワ要塞監獄に入れられたのは一九〇六年のことだった。前年一月のロシアの「血の日曜日」以来、ロシア領ポーランドでも昂揚していた革命闘争に加わるべく、彼女は一九〇五年一二月末、戒厳令下のワルシャワに潜行したが、翌年三月にレオ・ヨギヘスとともに逮捕されて、七月末まで獄につながれていた。

カール・リープクネヒトはローザと政治上ではもっとも緊密な関係にあり、彼女は彼の勇気に大きな敬意を抱いていたが、ときに無鉄砲になりがちな軽率さには批判的なようだったし、個人的にはひじょうに親しいとまでは言えなかった。それでもいま獄につながれた彼を思いやる温かい言葉を、友人たちに伝えている。たとえばルイーゼ・カウツキー宛の手紙（一九一七年三月）。「かわいそうなこの人は、昔から全速力で、ギャロップで、つねに性急に生きて、あらゆる世界とのランデヴーへ、会議や委員会へと急ぎ、たえず書類包みや新聞に囲まれ、どのポケットもメモ帳や紙きれでいっぱいにし、自動車から電車へ、電車から汽車へ飛び移り、身も心も街の埃まみれになっていました……これが彼の生き方でしたが、その内面にはほかの人には滅多にないような深い詩的な素質があって、どんな小さな花にも子どものように喜ぶことができるのです。わたしといっしょに少しは春を愉しもうと、無理矢理彼を散歩に連れだしたことが何度かあります。どんなに彼が生き返ったことか！　そしていまは彼の肖像がわたしのまえに立っています――ゾーニアのすてきな思いつきで、わたしの誕生日にこれを贈ってくれました――それを見るたびにわたしの心は痛みに震えます。」

この少しまえには、ローザはゾフィーについても親しい友だちのマルタ・ローゼンバウムに次のように書き送っている。

「わたしの身の上をカールのそれと較べてみれば、あらゆる同情と共感を受けるに値するのは、わたしではなくて彼だということがおわかりでしょう。マルトヒェン、まえに一度あなたに、かわいそうなゾーニア・Lのことを気づかってほしいとたのみましたね。もう一度お願いします。ときどき彼女のところに行ってやってください。なにしろあなたは、そのほほえみとお人柄をつうじて、温もりと幸せな気持を周囲の人たちに感染させてしまうのですから、あの夫人の病んだ魂にはひじょうによい効果があると思うのです。」

ヴロンケ　［一九一七年四月一七日］

最愛のゾニューシャ！

取り急ぎひと言ご挨拶と、すばらしいユキワリソウへのお礼を。一両日中に手紙を書きます。南のそちらでは、ここよりたっぷりと暖かさと陽光があることでしょうね。

心をこめて
あなたのローザ

ヴロンケ　一九一七年四月一九日

ゾニューシャ、わたしの小鳥さん！

昨日はあなたの葉書をもらって心底うれしかったのですが、とても悲しい調子がひびいていますね。どんなにかいまあなたのそばにいて、また笑わせてあげたい、カールが逮捕されたあとの、あのころのように。わたしたち二人は――まだ憶えている？――カフェ・フュルステンホーフでやたらと陽気な笑い声をあげて、周りの注目を惹いてしまいましたっけ。あのころのなんとすばらしかったこと――いろいろ大変なことばかりだったのに！　毎日二人で朝早くに自動車でポツダム広場へ、それから留置所をめざして花盛りのティアーガルテンを通りぬけて、高い楡《にれ》の木の並ぶ静かなレアター街を走り、そして帰りには途中でかならずフュルステンホーフに立ち寄って、そのあと、ズュートエンデのわたしの住まいにあなたが来てくださるのがお決まりでしたね。あそこではすべてが五月の華やかな装いをこらしていて、わたしの台所でのあの楽しい数時間、あなたとミミ〔ローザの飼猫〕は白いクロスをかけたテーブルで、わたしの料理の腕前の成果を辛抱強く待っていました（あの haricots verts à la Parisienne 〔パリ風サヤインゲン料理〕 のすてきな味を憶えている？） それからゲーテを載せた花台と、あなたのために出窓に置いてあげた一皿のコンポート。それにつけても鮮明に記憶に残っているのは、いつも変わりなく太陽のきらめいていたあの暑いほどの天気です。そういう天気のときにこそ、ほんとうの喜ばしい春の気分が味わえるものですね。そして晩にはわたしが決まってあなたをあのすてきな小部屋に訪ねた――あなたの主婦姿が大好きですよ、まだ女学生っぽさの残るあなたがテーブルのわきに立ってお茶を注いでいるところなど、とくべつにお似合いで愛らしい――そして夜中近くには、おたがいに家へ送り合って、花の香ただよう暗い道を歩きましたね！ あなたを家に送っていったときの、あのズュートエンデのすばらしい月夜をまだ憶えておいでかしら？ 美しい青みを帯びた夜空を背景に、家々の切妻がきりっとした輪郭を黒々と浮きたたせて、昔の騎士の城さながらに見えましたね。

ゾニューシャ、あんなふうにいつもあなたのそばにいたい、あなたが暗い絶望的な物思いに落ち込まないように、あなたの気を紛らし、おしゃべりしたり黙って座っていたりしたい。あなたは葉書に、「どうして何もかもこんななのでしょう」と書いている。子どもですねえ、人生は昔からまさしく「こんな」ものですよ、苦しみ、別れ、憧憬、すべてが人生にはつきものです。つねにすべてをそのまま受けとり、すべてが美しくてよいものだと思えるようにならなくてはいけません。少なくともわたしはそうしています。頭でひねりだした知恵からではなく、たんに生まれつきそういう性質《たち》なんですね。それが唯一正しい人生の受けとり方だと、本能的に感得しているのです。だからどんな状態にあっても、ほんとうに幸せに感じる。自分の人生からなに一つ手放したくはないし、過去のことであれ現在のことであれ、なに一つ別なふうであったらよかったのにとは思いません。あなたもこういう人生のとらえ方ができるようにしてあげられたら！……

カールの写真のお礼をまだ言ってませんでしたね。どんなにうれしかったことか！　ほんとうに、あなたがくださる誕生日の贈りものとして、これ以上すばらしいものはありえません。いまはりっぱな額に収まって机の上に、わたしの目のまえにあります。彼の視線はわたしがどこにいてもついてくる（どこに置こうと、いつもこっちを見つめているような気のする肖像ってあるんですね）。写真は彼そのままにすばらしくよく撮れています。きっとカールはいまロシアからのニュース〔二月革命〕に大喜びしていることでしょう！　けれどあなただって、個人的に喜んでいい理由があるでしょ。いまではもうあなたのお母さんがあなたのところへ旅してくるのを妨げるものは、何ひとつないでしょうから！　そのことをちゃんと考えてみました？

あなたのために太陽と暖かさがぜひ早くやってきますように。ここではすべて、まだようやく芽をふいたところで、昨日などは氷雨が降りました。ズュートエンデのわたしの「南国風景」はどんな様子かしら。去年は二人であそこの柵のまえに立って、あなたは咲きそろった花々に感嘆しきりでしたね。

ここの小さな片隅の花園を見るたびにじつに生きいきと思い出されるのが、ゲーテのあの春の歌〔"Frühling übers Jahr"〕。わたしはその詩にカールの注意をむけさせたんですよ。たしか、あなたたちは二人とも、その詩にちゃんと目をとめていませんでしたね。

花壇はすでにほころびて
いのちが萌えて伸びてゆく。
そこに揺れている釣り鐘は
雪のように白いマツユキソウ。
サフランは燃え立つ炎の
花びらをひろげ、
エメラルド色の花芽や

43　1917年4月19日

血のような蕾を抱いている。
サクラソウは気取ったポーズで
なんとも小生意気、
いたずらっ子のスミレは、
隠れんぼに余念がない。
まだほかにもあるすべてのものを
活動させ綾を織るのは、
つまるところ春なのだ、
春が生きいきと働きかけている。

けれども花園に
いちばん豊かに咲き匂うのは、
いとしいひとの
愛らしい気だて、
その燃えるまなざしはいつも

わたしの歌ごころをかきたて
言葉を湧きあがらせる。
いつもおおらかに
開いている花の心、
真剣なときにもにこやかで
ふざけるときも純真無垢。
バラとユリを
夏がはこんできても、
いとしいひとには敵わない。

この詩からフーゴー・ヴォルフがどんな天来の歌を作曲したかをご存知だったら！　いまは亡きわたしの友人、〔フーゴー・〕ファイストが、わたしの誕生日にそれはそれは美しく歌ってくれました！
　ゾニューシャ、手紙を書かなければと気に病まないでくださいね。わたしからはたびたびお便りするつもりですが、あなたは葉書にほんの一筆書いて送ってくだされば十分！　せっせと戸外に出て、たくさん植物をお採りなさいな。わたしのあげた小さな草花図譜をおもちでしょう？　心静かな明るい気持でいてくださいね、最愛のひと、すべてがよくなりますよ！　いまにわかります！

何度も心をこめて抱擁を
あなたのローザ

この手紙でローザが思い出しているカール・リープクネヒト逮捕後の日々のことを、ゾフィーは回想記につぎのように語っている。

「一九一六年七月一〇日まで、私はローザ・ルクセンブルクとほとんど毎日のように会っていた。新聞や食事をモアビート〔この地区に未決監獄があった〕の夫に差し入れに行ったり、ポツダム広場でモアビートへ走ってくれる車をなんとかつかまえようとしたりするとき、よく彼女はいっしょに来てくれた。面会のあと、私は夫から受け取った秘密の手紙をポツダム広場の脇のカフェ〈フュルステンホーフ〉に持っていって、ローザに手渡す。たいていの場合、私たちはコーヒーのおかわりをして、自分たちのためにも、まわりの人たちにたいしても、一種の陽気さをよそおった。私が帰宅を急がないときはいつでも、ズュートエンデのローザの家へいっしょに行き、彼女は料理の腕前を実演してみせてくれた。これは彼女の大の楽しみで、食事はおいしかった。しかしこういうことは、七月一〇日ですっかり終わったのだった。」

ズュートエンデ（南の端の意）はベルリン南部の郊外地区で、ここにローザは一九一一年に移り住み、格別な愛着を感じていた。拾ってきた猫をミミと名づけてかわいがっていたのも、ここに住んでからのことである。

［ヴロンケ］　一九一七年四月二四日

最愛のゾニチュカ！

今日はひと言ご挨拶だけ、そして質問、いかがお過ごしですか？　気分は？　今日はこちらではすばらしい上天気、そちらでもそうだといいですね。お子さんたちがルッカウからとても元気のいい葉書をくれて、ヴィリーの署名もありました、彼もいっしょに面会に行ったのですね。わたしの一九日付の手紙はその間に届いたことでしょう。

心をこめて抱擁を
あなたのR

ヴロンケ　一九一七年五月二日

最愛のゾニューシャ！

あなたのうれしい手紙がぴったり昨日、五月一日に届きましたよ。その手紙と、二日まえから顔を出してくれた太陽が、わたしの傷だらけの気持を温かくなぐさめてくれました。なにしろここ何日か、とても心臓が苦しかったのです。でもこれでもうよくなりそう。太陽がこのまずっと出ていてくれさえしたら！　わたしはいまほとんど一日中外にいて、灌木のあいだをぶらついたり、わたしの小さな庭を隅から隅まで見回したりして、いろいろな宝物を見つけています。聞いてくださいな、昨日、五月一日に出会ったのは——だれかおわかり？——輝くばかりに活きのいいヤマキチョウですよ！　うれしさのあまり胸がふるえました。チョウは飛んできてわたしの袖に止まり——ライラック色の上着を着ていたので、その色に惹かれたのでしょう——それからゆらゆらと塀の向こうに消えてゆきました。午後には三種類のきれいな小さい羽毛を発見、ジョウビタキのくすんだ灰色の羽毛と、ホオジロの金色の、それにナイティンゲールの灰色がかった黄色のと。ここにはナイティンゲールがたくさんいて、はじめての歌声はもう復活祭の日曜日の朝早くに聞こえましたし、それからは毎日わたしの庭の大きなウラジロハコヤナギに来ます。三枚の羽毛は、きれいな青い紙箱に入れたわたしのささやかな蒐集品に加えます。この箱にはバルニム街監獄の中庭で見つけた羽毛も入っているんですよ――ハトとニワトリの、それにズュートエンデで拾ったすばらしくきれいな青いカケスの羽も。「コレクション」はまだとてもわずかですが、ときどき眺めて愉しんでいます。どれをだれに贈ろうか、もう心づもりをしているんですよ。

ところが今朝、塀のほうに近寄ってみると、なんと塀ぎわにそっと隠れるようにしてスミレが咲いているのを見つけました！　わたしの小さな庭全体で一輪きりのスミレ。ゲーテはなんと詠っています？

すみれが一輪、野に咲いていた、
頭《こうべ》を垂れて、だれにも知られずに、
小さな、可憐な花すみれ！

〔Das Veilchen. モーツァルトがこれに曲を付けている〕

ほんとにうれしかった！　ここに同封してお送りしますね、そしてわたしの愛情と挨拶をあなたのもとに運んでくれるように、そっと口づけをしておきました。少しは生気の残っているうちに着くかしらね？……

そのあと今日の午後、初のマルハナバチに出会いました！　とても大きくて、新しい黒光りする毛の生えた胴着に、黄金色のベルト。ブンブンと深い低音のバスでうなりながら、やはり最初わたしの上着に飛んできましたが、やがて大きな弧を描いて中庭を越えて飛び去りました。マロニエの芽がとても大きくふくらんできましたよ、バラ色をおびて、みずみずしく光っています、二、三日すれば、小さな緑色の手のような若葉が出てくるでしょう。憶えておいでかしら、去年、若葉が萌え出したばかりのこういうマロニエの木のまえに立って、あなたはおどけて絶望の声をあげましたね。「Ｒｒｏｓａ！（あなたは〝Ｒ〟音をわたし以上に鋭く発音しますものね）、どうしましょう、うっとりしてしまって、どうしたらいいんでしょう！」

まだもう一つ、今日わたしを幸せにしてくれた発見がありました。去年の四月、わたしがあなたたちを電話で誘い出したのを憶えてます？　ぜひとも朝一〇時に植物園にいらっしゃい、ナイティンゲールの大コンサートがあるからいっしょに聴きましょう、と。あそこでわたしたたち、濃い茂みに潜んで、ひっそりと石に腰掛けていましたね、そのそばを水がちょろちょろ滲み出て流れていました。ところがナイティンゲールの歌のあと、突然、一本調子で文句を言い立てているような啼き声が聞こえてきましたね、「グリックリックリックリックリックリック！」というような声。なにか水鳥のたぐいじゃないかとわたしは言い、カールも同意しましたが、何ものの声なのかはどうしても突き止められませんでした。ところがなんと、あれと同じ啼き声を突然ここで聞いたんですよ、数日まえの朝早くに、すぐ近くで。こんどこそなんとしても声の主を知りたくて胸がとどろきました。突き止めるまでは気が気ではありませんでしたが、今日になってとうとうわかったのです。水鳥ではなくてアリスイ〔ドイツ名Wendehalsは「首ねじり」の意〕です、灰色をしたキツツキの一種。スズメよりほんの少し大きく、その名前は、危険にあうと滑稽な身振りをしたり首をぐるっとねじったりして敵を威嚇しようとするところから来ています。アリだけを餌にして生きていて、オオアリクイと同じように、ねばねばした舌でアリをひと舐めにする。スペイン人はだからHormiguero――アリクイドリと名づけています。ちなみに、メーリケはこの鳥についてとてもしゃれた諧謔詩〔「戒め」〕をつくっていて、それにフーゴー・ヴォルフが曲をつけています。あの訴え声の鳥が何ものなのかがわかってからは、まるで贈りものをもらったような気分です。このことをカールにも手紙で知らせてあげれば、きっと喜びますよ。

わたしが読んでいるもの？　おもに自然科学もので、植物地理学と動物地理学。昨日はちょうど、ドイツにおける鳴禽類の衰滅の原因について読んだところです。営林、造園、農耕の合理化がどんどん進んで、鳥たちの自然な巣造りと食餌条件——つまり空洞のできた樹木、荒蕪地、藪、庭地につもる落ち葉など——が、徐々になくなってきたせいです。読んでいてとても胸が痛みました。人間が鳥の声を聴けなくなるのが悲しいのじゃありません。抵抗するすべのないこれら小さな生きものたちが、ひっそりと、とどめがたく滅びていく、この図があまりに痛々しくて、涙せずにはいられませんでした。これが思い出させたのは、北アメリカ・インディアンの滅亡についての〔ニコライ・イヴァノヴィッチ・〕ジーベル教授のロシア語の本、まだチューリヒにいたころに読みました。彼らもまったく同じように一歩一歩、文明人どもによって土地を追われ、ひっそりと残酷な滅亡への道を辿らされたのです。

でももちろん、いまのわたしはたしかに病的ですね、こういうことすべてがこんなに胸にこたえるようでは。それともご存知かしら？　わたしは自分がほんとうは人間ではなくて、なにかの鳥か動物かが出来損ないの人間の姿をとっているのじゃないかと、感じることがよくあるのです。心のうちでは、ここのようなささやかな庭とか、マルハナバチや草にかこまれて野原にいるときのほうが、はるかに自分の本来の居場所にいる気がする――党大会なんかに出ているときよりも。あなたになら、なにを言っても大丈夫ですね、すぐさまそこに社会主義への裏切りを嗅ぎつけたりなさいませんものね。にもかかわらずわたしは、あなたも知るとおり、自分の持ち場で死にたいと願っています、市街戦で、あるいは監獄で。けれども心のいちばん奥底でのわたしは、「同志」たちよりもずっとシジュウカラたちの仲間なのです。でもそれは、内面的に破産したあまたの政治家のように、自然の中に避難所や休息場を見いだしているからではありません。それどころか自然の中にもいたるところに多くの悲惨があるのを見て、とても胸が疼きます。思ってもみてください、たとえば次のような小さな体験がいまだにわたしの頭から離れません。去年の春、野原を散歩しての帰り、しずかな、ひと気のない道路を歩いていたときのことです。地面に黒っぽい小さなしみがあるのに気がつきました。かがんでよく見ると、音もなく演じられている悲劇でした。大きなマグソコガネムシが仰向けに転がって脚を空しくあがいて防ごうとしているところに、ちっぽけなアリたちの大群がびっしり取りついている――生きたままの肢体を喰らっているのです！　ぞっとしたわたしはハンカチを取り出して、残忍なアリどもを追い払おうとしました。でも彼らのあまりの図々しさ、しつこさに、すっかり手こずらされて、長い奮戦のあとようやく哀れな受難者を救出、だいぶ離れた草むらに置いてやったのですが、その脚はもう二本も喰いちぎられていました……結局わたしのしたことはなんとも疑わしい善行だったのだと、呵責の念にさいなまれながら急いでそこを立ち去ったのでした。

いまではもう黄昏どきがとても長引くようになりましたね。ふだんならこの時間がどんなに好きなことか！　ズュートエンデにはツグミがたくさんいましたが、いまここではまったく見かけないし、囀りも聞こえません。冬のあいだじゅう、ひと番《つが》いのツグミに餌をやっていたのですが、いまはいなくなってしまいました。ズュートエンデでは、夕方のこの時間に街路をよくぶらついたものです。あれはとても美しいですよ、最後の昼の光がスミレ色に残っているところに、突然、バラ色の炎がガス燈にゆらめいて、まだ黄昏で場違いな感じがするのを灯り自身が少し恥ずかしがっているような風情。そのうちに、おぼろな人影が街路をせわしげにかすめ過ぎてゆく。どこかの門番の女房とか女中とかが、まだ間に合うかしらとパン屋や小間物屋へ買い物に走るのです。わたしと仲良しの靴屋の子たちは、街角から威勢のいい声で家へ呼びもどされるまで、暗くなっても街路で遊んでいたものです。この時間にはまだ安眠できないツグミがとにかく一羽はいて、突然、躾のよくない子どもみたいに寝ぼけて大声を上げたり、しゃべったり、騒々しく木から木へ飛び移ったりしていました。そしてわたしは街路のまんなかに立って一番星、二番星、と星を数え、このやわらかな空気、そして昼と夜がこんなにもしっとりと寄り添っている黄昏を捨てて家に入る気にはどうしてもなれませんでした。

ゾニューシャ、また近いうちにお便りしますね。落ち着いた、明るい気持でいてください、万事うまくいきますよ、カールのことも。あなたの家政上の心配のことを、マティールデに手紙で知らせておきます、そしてなんとかわたしにできることはいたしましょう。では、次の手紙までさようなら、わたしの小鳥さん。

あなたを抱きしめます
あなたのローザ

この書簡集の随所からうかがえるように、ローザは動植物にたいしてたんなる自然愛好家にとどまらない格別な関心と専門知識をもっていた。スイス時代には最初チューリヒ大学の自然科学科で学んでいる。鳥や花や木々のこまやかな観察と愛着は、獄中でも目録や標本づくりに向かわせるほどだった。彼女は一度目のバルニム街監獄暮らしのとき、ルイーゼ・カウツキーがローザの『資本蓄積論』を興味ぶかく読んでいると書いてきたことへの返事に（一九一五年九月）、こう打ち明けている。

「あれを書いたときのわたしはいわば陶酔状態でした――あれは最初から最後まで最初の原稿のままで、読み返しもせずに印刷に出したのです、それほど熱に浮かされていたんですよ。六年まえに絵に熱中して、朝から晩まで絵を夢みるほか何ひとつしなかったのと同じです。……二年まえには、またべつの気まぐれの発作が起きました。ズュートエンデで植物への情熱に取り憑かれて、採集と押し花づくりと分類をはじめたのです。四か月のあいだ、ほかには文字どおり何ひとつせずに、ひたすら野原を歩きまわり、持ちかえったものを家で整理し種を鑑定していました。いまでも標本をびっしり詰めこんだ一二冊の蒐集植物帖をもっています。……こういうふうにわたしはいつも、自分をまるごと呑みこんでしまう何かが必要なのです。いつもほかの人から――本人にとっては災難なことに――何か分別のあることを期待されている真面目な人間には、似つかわしいことではありませんけれどね。」

この年、一九一七年の二月にマティールデに宛てた手紙には、こういう記述もある。

「わたしの人生にと同様に、わたしの墓のうえにも、偉ぶった句があってはなりません。わたしの墓碑には〈ツヴィ――ツヴィ〉という二文字しか記してはいけませんよ。これはシジュウカラの声です。わたしはその真似がとてもうまくて、シジュウカラたちがすぐに飛んでくるほどです。この〈ツヴィ――ツヴィ〉は、ふだんはきらっとする針のように細くて鮮明なのですが、ここ数日来その声に、ごく小さなトリル、わずかな胸声音が入っています。どういうことなのか、おわかりかしら？　近づく春を感じての最初のかすかな胸のときめきですよ——雪や霜にも、孤独にもかかわらず、わたしたちは——シジュウカラとわたしは——近づく春を信じているのです！　もしもわたしが春を待ちきれずに終わることになったら、忘れないでくださいね、わたしの墓石には〈ツヴィ——ツヴィ〉のほか何ひとつ記してはいけないことを……」

この書簡集に出てくる草木や鳥の名前については、日本にはない種類の場合それらに対応する和名が紛らわしいことがしばしばあるので、そのようなものだけ拾いだして巻末に、和名もしくは広く使われている外来語名と、ドイツ名および学名を表示しておく。

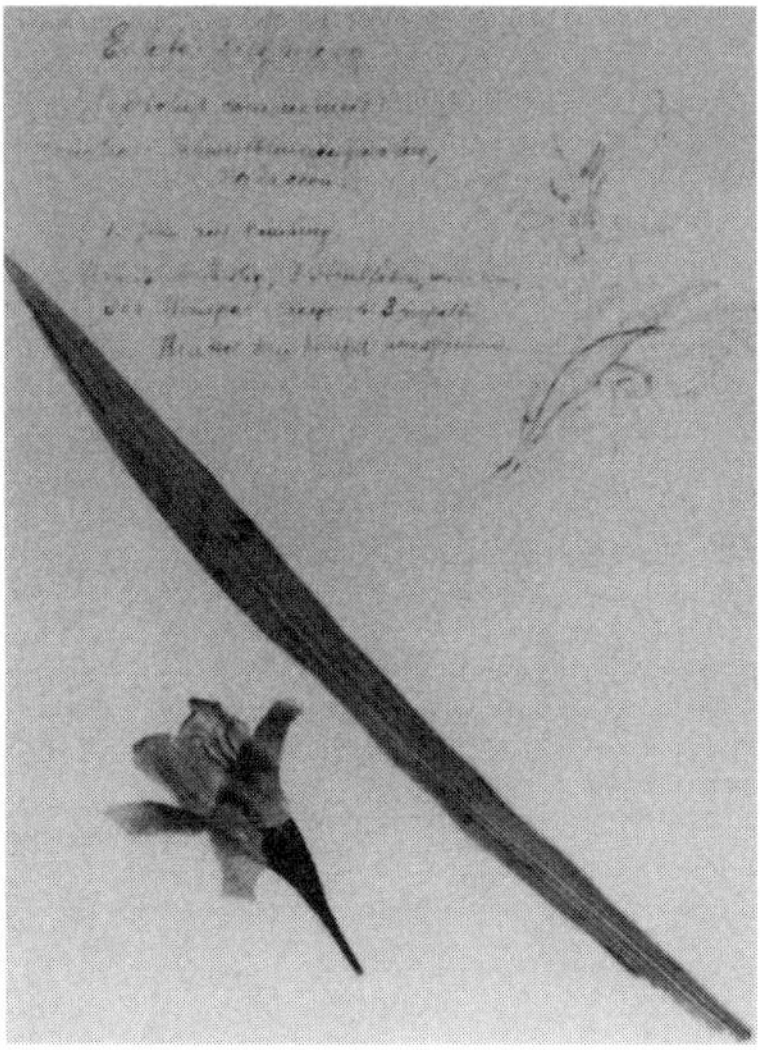

ローザの植物標本から

ヴロンケ　一九一七年五月六日

ゾニチュカ、『砲火』〔アンリ・バルビュス作〕を郵送したのですが、書留にしてもらうのを忘れてしまいましたので、届きましたらどうかご一報ください。お母さんとお会いになる件、そんなに望みなしとは思えませんよ。もういまではお母さんの出国がロシア側に阻まれるようなことは全くないでしょうから。そしたらあなたはスウェーデンかスイスへ行けばいい。お母さんに会いに中立国へ出られる旅券をきっともらえます。なによりもまず、お母さんがこの旅行をする気になるように説得してみることです。彼女の健康がどうか、からだに応えるこういう旅ができになる状態かどうかは、わたしにはわかりません、その点についてお手紙くださいね。こちらでは五月一日このかた陽ざしがたっぷりでしたが、ただ日曜日の今日ばかりは嵐が吹きあれて冷えこんでいます。

心をこめて抱擁を

あなたのR

ヴロンケ　一九一七年五月一九日

最愛のゾニチュカ、昨日あなたに葉書を書いたばかりなのですが、今日はかなり急ぎの件でまたお便りします、間に合うようにあなたに届くように。というのもマティールデが手紙に、あなたが今月の末にはベルリンへ戻るつもりでいると、ことのついでに書いてきたからです〔ゾフィーはバイエルンのエーベンハウゼンで静養中だった〕。もしそれが本当なら、わたしはありったけの力をこめて抗議しますよ。そしてわたしに寄せてくださる信頼と好意すべてを賭けてお願いします、どうか思いとどまってください。もう家に帰ろうだなんて、どう見ても狂気の沙汰です。あなたの健康状態は、長期間にわたる療養をしてはじめてなんらかの成果が期待できるたぐいのもの。このあいだのお手紙は、もしもわたしの耳の錯覚でなければ、少しばかり恢復している感じをひびかせていました。ほんのちょっぴり、生気と快活さがもどってきている。ほんとにうれしかったですよ。でもそれはいずれにせよ最初の弱々しい一歩です。これでベルリンに帰ったりしたら、この小さな成果も二週間としないうちに無に帰して、すべてがもとの木阿弥になってしまう。あなたには何か月かの静養が必要、いえいえ、シュトゥットガルトのホテルであんなに時間を使ってしまったのですから、もっと長く必要です。こんなに短い滞在では、療養に出かけた意味がない！　そして家で子どもたちと長くいれば、そのあとまたさらに二か月ということになってしまう。このさき六月も七月も家を離れているよう、わたしは断乎主張しますよ。カールに面会に行くために、こんなに大事な療養を中断するなんて、いえ、もっと正確に言えば、台無しにするなんて、ばかげています！　だからどうかゾニューシャ、わたしの言うことをきいて、いまいるところにお留まりなさい。おわかりですね、あなたのために、そしてカールと子どもたちのためにも、よかれと思って言っているんですよ。大丈夫、わたしの助言を信頼してください。どう決心したか、早く手紙で知らせてくださいね、この問題でわたしは心休まるときがありません。

いまここの美しいこと！　一面に緑が萌え出て、花ざかりです。マロニエの樹々はみずみずしい見事な葉むらで装いを凝らし、スグリは黄色い小さな星形の花をつけ、赤味のある若葉のサクラももう咲いているし、クロウメモドキももうすぐ咲きそう。今日は、面会に来てくれたルイーゼ・カウツキーからお別れにワスレナグサと三色スミレをたくさんもらったので、自分で植え付けました！　二つの丸い花床と、そのあいだにまっすぐ一列の花床、どこもワスレナグサと三色スミレを交互に——全部、とてもしっかり植わって、自分の眼が信じられないほどでした、なにしろ生まれてはじめて自分で植物を植えたというのに、こんなにうまくできたのですもの。もうすぐ聖霊降臨祭、そのころには窓の下にたくさんの花が見られるでしょう！

鳥たちはいまここには新しいのがたくさんいて、毎日、これまでに見たことのない新顔とお近づきになります。そうそう、まだ憶えておいでかしら、カールといっしょに朝早く植物園にナイティンゲールを聴きに行ったとき、あそこで、とても大きな木を見たでしょ。まだ葉はまるっきり出ていないのに、小さな白いきらきらする花をびっしりつけていましたね。いったい何の木だろうと、頭をひねりましたっけ。果樹でないことは確かでしたし、それに花もいささか風変わりでしたからね。でもわかったんですよ！　あれはウラジロハコヤナギで、あの花は花ではなくて若葉。つまり、ウラジロハコヤナギの成長した葉は裏だけ白くて表は濃い緑ですが、若葉はまだ表も裏も白い綿毛におおわれていて、陽が当たると白い花のようにきらきらするのです。ああいうハコヤナギの大木がここのわたしの小さな庭にあって、囀る鳥たちがみな好んで止まります。あのとき、同じ日の晩、あなたたち二人でわたしのところにいたことを憶えている？　とてもすてきな晩でしたね、お互いになにか朗読し合って。夜中ごろ、立ち上がってお別れの挨拶をしているとき——開け放したバルコニーのドアから、すがすがしい風がジャスミンの香りをのせて流れ込んできて――、わたしはお二人にあの大好きなスペイン歌曲をうたってあげましたね。

讃えられてあれ、この世界の生みの親、
どこを見てもなんと見事に創られていることか、
彼は限りなく深い海を創り、
その上をゆく船を創り、
永遠の光に満ちた楽園を創り、
大地を創った――そしてそなたの顔《かんばせ》を！……

ああ、ゾニチュカ、これをヴォルフの曲で聴いたことがないと、この結びの単純な二句にどれほど炎のような情熱がこめられているか、おわかりにならないでしょうよ。
いまこれを書いているさなかに、大きなマルハナバチが飛びこんできて、部屋いっぱいに低い羽音をひびかせています。なんとすばらしい音、勤勉と夏の暑気と花の香に打ち震えているこの満ち足りた調子には、なんと深い生の喜びがこもっていることか。

ゾニチュカ、明るい気持でいてくださいね、そしてすぐに、すぐにお便りをください、待ち焦がれています。

あなたのR

前の手紙（五一ページ）にもあったように、ローザはエードゥアルト・メーリケの抒情詩をひじょうに愛していて、彼の多くの詩を歌曲にしたフーゴー・ヴォルフにも傾倒していた。また彼の『ゲーテ歌曲集』への言及もたびたびある。ローザはヴォルフの理解者として有名だった友人フーゴー・ファイストを介してヴォルフに会ってもいる。

ただしここで「スペイン歌曲」とされているのは彼女の記憶違いだろう。これはヴォルフの『イタリア歌曲集』中の一曲で、パウル・ハイゼの訳詩による。原曲では最後の行は「彼は美を創った——そしてそなたの顔を！」となっている。

ヴロンケ　一九一七年五月二三日

ゾニューシャ、わたしの秘蔵っ子、いちばん最近の一四日付のお手紙（でも郵便スタンプは一八日！）わたしが自分の手紙を出したときにはもうここに着いていました。春になってまたあなたといっしょにいる心地がして、うれしくてなりません。今日、心をこめて送りたいのは聖霊降臨祭の挨拶！「うれしい祭り、聖霊降臨祭がやってきた」というのが、ゲーテの『ライネケ狐』の出だしですね。あなたがその日を少しでも明るい気持で過ごせますように。去年の聖霊降臨祭には、わたしたち、マティールデといっしょにリヒテンラーデへすてきな遠出をして、わたしはカールへのお土産に草の穂と、ふしぎな花穂をつけたシラカバの枝を折りとってきましたっけ。夕方にはわたしたち「ラヴェンナの三人の貴婦人」〔モザイク画〕よろしく、バラを手にしてズュートエンデの野原を散歩しましたね。こちらではライラックの花ももう咲いています、今日咲きはじめたところ。とても暖かで、いちばん薄手のモスリンの服に着替えなければならなかったほどです。でもお陽さまと暖かさにもかかわらず、わたしの鳥たちはほとんど完全に黙りこんでしまいました。きっとみんな抱卵期の仕事で手いっぱいで、雌は巣にこもり、雄は自分と伴侶のための餌集めで「嘴いっぱい」の大忙しなのでしょう。それに巣もたいてい外の野原か大木につくってあるらしく、少なくともいまではわたしの庭は静かです。ときたまナイティンゲールが短くひと声啼くか、アオカワラヒワのこつこつ叩くような足音がするか、晩遅くにズアオアトリがいまいちど朗らかに囀るかの程度で、わたしのシジュウカラ科の鳥たちはもうちっとも姿を見せません。突然に昨日、遠くからアオガラが短い挨拶を送ってきたのには、すっかり感動してしまいました。アオガラはシジュウカラのような留鳥《りゅうちょう》ではなくて、三月終わりごろにようやく渡ってくるのです。はじめのころはいつもわたしの窓の近くに止まっていて、仲間といっしょに窓に飛んできては、一所懸命「ツィツィ・ベー」とおどけた囀り声を張りあげたものでしたが、その声をとても長く引っ張るので、まるでいたずらっ子が人をからかうときの調子そっくり。聞くたびにわたしは笑い出して、同じ返事を返さずにはいられませんでした。やがて五月はじめ、どこか外で卵を孵《かえ》すために、仲間ともども姿を消してしまいました。何週間ものあいだ声も姿もなかったのに、突然に昨日、わたしたちの中庭と別の監獄の敷地を区切る塀の向こうから、あのお馴染みの挨拶が聞こえたのです。でもそれはすっかり様変わりして、ごく短く、せかせかと、三回たてつづけに「ツィツィ・ベ、ツィツィ・ベ、ツィツィ・べ」、それっきり静かになってしまいました。わたしは胸がぎゅっと締め付けられました。遠くからのこのあわただしい叫びには、こんなにも多くのことが、小さな鳥の物語のすべてが、こめられているのです。ひねもす歌いあかして雌を誘った早春の美しい求愛のころの想い出、それがいまではひねもす飛びまわって自分と家族のために虫を集めなければならない日々、要するに追想なのです。「いまは暇なし――ああ、あのころはよかったなあ――春はもうすぐ終わる――ツィツィ・べ――ツィツィ・べ――ツィツィ・べ――！」ほんとうですよ、ゾニューシャ、こんな小さな鳥の声にこれほどたっぷりと表現がこめられていることが、わたしを深く感動させるのです。わたしの母は、シラーと並んで聖書こそ最高の叡智の源泉だとみなして、ソロモン王は鳥の言葉を解したと固く固く信じていました。そのころ一四歳の生意気盛りで近代自然科学の素養を鼻にかけていたわたしは、こういう母のナイーヴさを笑ったものです。ところがいまでは、わたし自身がソロモン王と同じに、鳥や動物の言葉を理解するようになった。もちろん、彼らが人間の言葉を使っているなどと言っているのではありません。彼らが声にこめているさまざまなニュアンスや感情がわかるのです。ただ、無関心な人間の粗雑な耳には、鳥の歌声はいつも同じに聞こえるにすぎません。動物を愛し、彼らへの理解をもっているなら、その表現のひじょうな多様さに気づきます、それは一つの完全な言語をなしているのです。早春の騒々しさのあと、いまはおおかた黙りこくってしまったことも理解できるし、秋になって、わたしがまだここにいるようなら——おそらく確実にそうなりそうですが——、わたしの友だちはみんなまた帰ってきて、わたしの窓辺で餌を探すだろうこともわかっています。もういまから、とくべつ仲良しになったあの一羽のシジュウカラと会うのを楽しみにしています。

ゾニューシャ、あなたはわたしの長い拘禁に憤慨してお訊きですね、「どうしてこんなことになるのでしょう、人間がほかの人間の運命を決定することが許されるなんて。いったいなんのために?」と。ごめんなさい、これを読んで思わず声をあげて笑ってしまいました。ドストエフスキーの『カラマーゾフの兄弟』に、まさしくそういう質問をいつもするホフラコーヴァ夫人というのが出てきますね、彼女は社交の場にいる面々を困ったように見回すのですが、だれかがなんとか答えようとしたときにはもう別の話に飛び移っている。わたしの小鳥さん、人類の文化史は控え目に見積もっても二万年あまり続いていますが、その全体が「人間がほかの人間の運命を決定する」支配関係に基づいていて、それは物質的な生活諸条件に深く根ざしているんですよ。この先、苦難に満ちた一つのさらなる発展が、はじめてこれを変革できるのであって、わたしたちはまさしくいま、この苦難に満ちた章の一つを目撃している証人なのです。

それをあなたは「なんのために？」と問う。「なんのために」――これはおよそ生きることの全体とその形式をつかむのにはまったく役に立たない考え方です。なんのためにアオガラはこの世に存在する？　じっさいわたしにはわかりません。でもそういうものが存在するということが、わたしにはうれしいし、不意に塀の向こうからせわしないツィツィ・ベーが聞こえてくると、甘美な慰めを感じるのです。

ところであなたはわたしの「澄みきった心境」を買いかぶっていますよ。わたしの内面の平衡も幸福感も、ほんのわずかな影が落ちかかっただけで、残念ながらすぐばらばらに壊れてしまいがちで、そうなるとわたしは言いようのない苦しみを味わいます。ただ、わたしには妙な癖があって、そういうときは黙りこんでしまう。文字通りにですよ、ゾニチュカ、ひと言も唇から発せられなくなるのです。たとえば最近の数日間はそれこそ快活で幸せいっぱい、太陽がうれしくてならなかったのですが、月曜日に突然、氷のような疾風がわたしをとっつかまえて、輝くばかりの快活さはたちまち底知れぬ悲嘆へと変わってしまいました。たとえわたしの魂の幸福が人の姿となって不意に目のまえに立ってくれたとしても、わたしはひと言も発せず、ものの言わぬまなざしでわたしの絶望を訴えるのが精一杯でしょう。もちろん口を利きたい思いに駆られることはいつもほとんどなくて、何週間も自分の声を聞いたことがないほどです。ついでに言えば、わたしのミミをここへは来させないという英雄的決心をした理由も、これです。ミミは陽気さと活気になじんでいて、わたしが歌ったり、笑ったり、あの子と鬼ごっこをして部屋中を駆けまわったりするのが好きですからね。ここに連れてきたりしたら、ふさぎの虫にとりつかれるでしょう。だからミミをマティールデに預けたのです。マティールデは近日中に来てくれます。そうすればわたしもまた元気になるだろうと期待しています。聖霊降臨祭がわたしにとっても「うれしい祭り」になるかもしれませんね。ゾニチュカ、明るく平静でいてくださいい、なにもかもまたよくなりますよ、わたしの言うことを信じて。カールに心からよろしく。あなたを何回も抱きしめます。

すてきな絵をありがとう！

あなたのR

ローザは自分の苦しみを語ることをほとんどしなかったものの、この少しまえ、若い友人ハンス・ディーフェンバッハ宛の一九一七年三月五日付の手紙には、つぎのような訴えが書かれている。

「実のところ、いまわたしはいささか苦しい時期に入っています。昨年パルニム街〔監獄〕で起こったこととまったく同じです。七か月目までは張りつめていましたが、八か月、九か月目になると、とつぜん神経がいうことをきかなくなるのです。生きていかねばならない一日一日が、苦労してよじ登らなければならない小山のようで、些細なこと一つひとつにひどく心が痛み乱れるのです。」

ヴロンケ　一九一七年六月一日

……およそランのことならわたしはよく知っていますよ。フランクフルト・アム・マインのすばらしい温室には、まるごと一区劃、ランをいっぱいに並べた場所があって、当時わたしは一年の刑を喰らったあの裁判のあと〔一九一四年二月〕、何日もそこに通って熱心に研究しましたから。ランはそのちょっとした媚態といい、奇抜で不自然な形といい、わたしには過度の技巧や頽廃といったものを感じさせます。優雅に化粧をこらしたロココ時代の侯爵夫人を思わせますね。感嘆はするものの、内心、一抹の反感とある種の不安を覚えます。およそ頽廃的なもの、倒錯したものにはなんであれ、わたしの本性が反撥してしまうのです。それよりずっと大きな喜びを与えてくれるのは、たとえば単純素朴なタンポポ、太陽をたっぷりとその色に取りこんで、わたしとまったく同じように、感謝にあふれて陽の光に自分をすっかり開く、けれどちょっとでも影がさせば、また気弱に自分を閉じてしまう。

このごろの夕方のなんというすばらしさ、そして夜も！　昨日は言葉では描きようのない魔術が万物のうえで繰り広げられました。日没後おそくに、空は一面きらめくオパール色になって、そこになんとも言えない色の縞もようが塗りたくられたのです。それはまるで巨大なパレットさながらで、一日中仕事にうちこんでいた画家がこれでお終いにして休もうと、大きく腕を振りあげて筆の絵の具をパレットになすりつけたかのよう。あたりの空気には、夕立の来そうな少しむしむしした気配と、軽く胸が圧しつけられるような緊張がただよって、草木はそよりとも動かず、ナイティンゲールの声はなく、ただ、あの疲れを知らぬ黒い頭の「庭の皮肉屋さん」が枝から枝へ飛び移りながら、鋭い声をあげているばかりでした。すべてのものが何かを待ちうけているようす。わたしも窓辺に立って、やはり待っていました——何を？　神のみぞ知る。六時の「幽閉」時刻のあとは、天と地のあいだにわたしが期待できるものは何ひとつないのですから……

この手紙は原本が失われてしまって、一九二九年版の『獄中からの手紙』に前後をカットした形で収録されているものしか、現在では残されていない。
ローザの自然描写はそのみごとなイメージ喚起力といい、みずみずしいリリシズムといい、散文詩のようだと多くの人を惹きつけてきたが、それと同時に絵画的な印象も与える。彼女は自分でもよく絵を描いていて、水彩画、油彩画、ペン画などが残されているし、友人たちへの手紙にもスケッチが描きこまれているものがある。

ローザ作成のカード（水彩画）

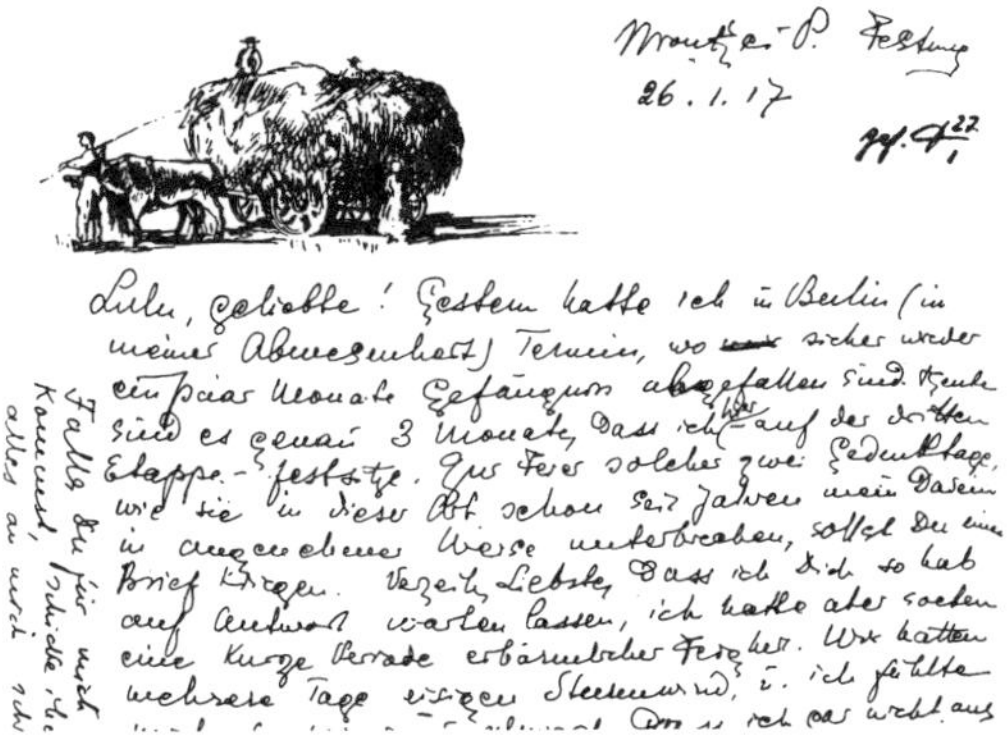
Wronke i. P. Festung
26. 1. 17

Lulu, Geliebte! Gestern hatte ich in Berlin (in meiner Abwesenheit) Termin, wo mir sicher wieder ein paar Monate Gefängnis abgefallen sind. Heute sind es genau 3 Monate, dass ich hier auf der dritten Etappe festsitze. Zur Feier solcher zwei Gedenktage, wie sie in dieser Art schon seit Jahren mein Dasein in angenehmer Weise unterbrechen, sollst Du einen Brief kriegen. Verzeih, Liebste, dass ich Dich so lange auf Antwort warten lassen, ich hatte aber soeben eine kurze Periode erbärmlicher Feigheit. Wir hatten mehrere Tage eisigen Sturmwind, u. ich fühlte

ローザは手紙にイラストも描いていた．
これは1917年1月，ルイーゼ・カウツキー宛のもの

［ヴロンケ　一九一七年六月三日］
日曜日の朝

ゾニューシャ、わたしがどこにいるか、どこでこの手紙を書いているか、おわかり？　庭ですよ！　小机を運び出してきて、緑の茂みのあいだに隠れて鎮座ましましています。わたしの右側には丁子《クローヴ》の香りのする黄色いスグリ、左側にはイボタノキの灌木。頭上では、カエデとほっそりしたマロニエの若木がたがいに大きく拡げた緑の手を延べあい、前方では、真面目で穏和なウラジロハコヤナギの大木が、さわさわとその白い葉をゆるやかにそよがせています。わたしが書いているこの紙の上で、木々の葉のほのかな影が明るい木漏れ日の環と踊っていますよ。そして雨で湿った葉むらから、ときどきわたしの顔や手にぽつりと滴《しずく》が落ちてくる。監獄教会堂ではいま礼拝がおこなわれていて、くぐもったオルガンの音がかすかに聞こえてきますが、木々のざわめきと、今日はみんなとくに陽気な小鳥たちの明るい合唱にかき消されています。遠くからはカッコウの呼び声。なんとすばらしい、わたしはなんと幸せなことか、もうほとんど聖ヨハネ祭〔六月二四日洗礼者ヨハネの祝日、古来の夏至の祝い〕の気分です――完全で豊穣な盛夏の到来と生の陶酔のあの気分。ワーグナーの『マイスタージンガー』のあの場面をご存知かしら？　多彩な民衆の群れが、「聖ヨハネ祭！　聖ヨハネ祭！」と手を打ち鳴らし、突然そろってビーダーマイアー風ワルツを踊り出す場面。この時期にはだれでもこういう気分になりそうですね。――昨日はなんといろいろな体験をしたことでしょう!!　それをお話しせずにはいられません。午前、浴室の窓のところに大きなクジャクチョウがいるのをみつけました。すでに一両日まえから中に閉じ込められて、固いガラスに体当たりしていたのでしょう、すっかり消耗しきっていて、かすかに動く羽に弱々しいいのちのしるしがあるだけ。それを見てわたしは居ても立ってもいられず、震えながら服をまた着直すと、高い窓によじのぼって、チョウをそうっと両手にとりました――チョウはまったく抵抗せず、もう死んでしまったのかと思ったほどでした。息をふき返すかもしれないと、わたしのそばの窓の飾り縁のうえに置いてやると、まだかすかにいのちの灯はゆらめいているようでしたが、じっと動かないまま。そこでなにか食べるものをと思って、咲きひらいた花をいくつか触覚のまえに置いてみました。ちょうどそのとき窓のまえでは、あの庭の皮肉屋さんが元気いっぱいの歌声を朗々とひびかせていて、わたしは思わず声に出して言いました。「ほら、小鳥が楽しそうに歌っているでしょ、あれを聴くとおまえにもきっと少しは生気が戻ってくるはずよ」。でもわれながら、死にかけたクジャクチョウへのこんな呼びかけがおかしくて、笑い出さずにはいられませんでした。無駄な言葉だと思ったのです！　でもそうではなかった――半時間ほどすると、この小さな生きものは生き返って、最初はそっと少しずつからだを動かしていたかと思うと、ついにゆっくりと飛びたったのです！　どんなにこの救命の成功がうれしかったことか！　これが一つの体験です。

午後にはもちろんまた庭に出ました。庭には朝の八時から一二時（昼食に呼ばれる時刻）まで、また三時から六時までそこで過ごすのです。わたしは太陽を待っていました。昨日はきっと太陽が姿をみせるにちがいない、きっと出てくれる、と感じていたのです。でも太陽は現れず、悲しくなりました。庭を歩きまわっていると、軽い風が吹いてきて、とても珍しい光景を見せてくれました。ウラジロハコヤナギの熟しきった花穂が破れて、そこから綿毛のついた種子がそこらじゅうにふわふわと飛び散り、粉雪のように空中を満たし、地面と中庭全体を覆ったのです。一面に銀色の綿毛が舞いおどるさまは、この世のものとも思えません！　ウラジロハコヤナギは、同じような尾状花序をもつ他の木よりも花の咲く時期が遅く、こういう盛んな飛散のおかげで種子はとても遠くまでひろがって、それらが塀の割れ目といわず石の隙間といわず、雑草のようにいたるところで小さな芽をふくのです。

やがて六時になると、またいつものようにわたしは部屋に閉じ込められ、鈍く圧しつけられるような頭をかかえてしょんぼりと窓辺に座っていました、なにしろむしむしとする鬱陶しさでしたから。空を見上げると、パステルブルーを背景に浮かんだ白い綿雲の下、目もくらむほどの高みを、ツバメたちがいきおいよく飛び交っていました。大気をその鋭い翼で鋏のように切り裂いているかのように。でもまもなく空は暗くなり、あたりが静まりかえったと思うと、激しい俄雨とともに雷が鳴り、すさまじい落雷が二度、あたりを揺るがしました。そのあとに続いた情景、これは忘れられません。雷雨はまもなく遠ざかって、空はぼってりした灰色一色になり、どんよりとくすんだ妖怪じみた夕闇が、まるで厚い灰色のヴェールを垂らしたように、突然地上に降りてきました。雨はすっかり小降りになって、木々の葉を同じ間隔で軽く叩く。稲妻がいま一度、鉛色の空にたてつづけに赤紫の光を放ち、雷の遠鳴りがなおも、岸壁に砕ける最後の弱まった波のように聞こえてくる。するとこの禍々《まがまが》しい雰囲気のまっただなかで、わたしの窓のまえのカエデの木のうえで突如、ナイティンゲールが声を張りあげたのです！　雨のなか、稲妻と雷鳴のさなかに、その声は明るい鐘のように響きわたりました。陶然と、取り憑かれたようになって、雷鳴を歌い負かそう、夕闇を追い払って光を取りもどそうとしているかのように――これほど美しい歌声をわたしは聴いたことがありません。その歌は、かわるがわる鉛色と紫に色を変える空を背景にきらめきゆれる銀色の閃光さながらでした。じつに神秘的で、じつに捉えがたい美しさ、わたしはわれ知らずあのゲーテの詩〔「愛するひとの身近に」〕の最後の句を繰りかえし口ずさんでいました。「おお、いまここにあなたがいれば！」……

いつもあなたのローザ

［ヴロンケ］　一九一七年六月五日

ゾニチュカ、ここのところあなたにしょっちゅう手紙を出しているのに、「実務的な」用件をいつも書き忘れてしまって。七月四日はクララ〔・ツェトキン〕の六〇歳の誕生日です。そこで彼女に、あなたがいつか貸してくださったあの本、『芸術』（グセルがまとめた〔ロダンとの〕対話）を贈りたいのですが、どこでなら間に合うように手に入るのかがわかりません。あなたがそれを買った書店に、わたしのためにすぐ注文していただけませんか？　そしてもしも注文した本が間に合わないようなら、クララに贈るものを当面わたしが手もとにもっておけるように、あなたのを――新品同様ですもの――わたしに譲っていただけないかしら？　そうしてくだされば、ありがたいかぎりです。あの本ならこの上なくぴったりの贈りもので、クララは大喜びしてくれるでしょうから。

心をこめて抱きしめます

あなたのR

〔ヴロンケ〕　一九一七年六月五日

ゾニチュカ、あとになって気がついたのですが、ロダンは戦争中のいまでは全く手に入らないかもしれませんね。あなたの本をべつのが来るまで代わりに頂戴したいなんて、確かに厚かましすぎるお願いです。いまフランスから本を確実に取り寄せられるとは、とても期待できそうもありません。でもやっぱりどうしてもロダンが欲しい、ひょっとしたらなにかべつのを推薦してくださらないかしら。もちろんあの本にわたしはとても感激しました。対話でのロダンはじつに生きいきと語りかけてきて、その感じが〔ジャン・〕ジョレスをまざまざと想いおこさせました。あれがきっと二人に共通するガリア人気質なのでしょうね。クララと彼女の夫はそういうところをとても喜ぶでしょうし、二人ともこの本を知らないことは確かです。けれども本屋に注文しても手に入らないようなら、恐れ入りますが——これがわたしのたってのお願いです——いますぐミュンヘンでなにかべつのものを調達していただけないでしょうか。あなたの好みを完全に信頼してお任せします。たとえばデューラーの聖母子像のどれか一つは？　それもすてきでしょう。要するに、あなたが決めてくださ い、ただ、さし当たりすぐ手に入らなくてはいけないのです！

このまえ春のすばらしさに歓び浮かれた手紙を書いて以来、急にこちらは寒い天気になってしまいました。そしてわたしは責め苦に押しひしがれています。いつもこんなふうに突然に、太陽の高みから墓場へと転落してしまう！　なんの罪でわたしを罰するのかは、天だけの知るところ。そもそも自分のなすこと言うことは、ぜんぶ本末転倒じゃないかと感じる日がありま す。鳥たちについての毒にも薬にもならないわたしのおしゃべりでさえ、犯罪じゃないかと。ああ、自分が苦しんでいること以外、もう何ひとつわからない、何ひとつ理解できない、何ひとつ。そんなのは正真正銘の神経衰弱だと、あなたは言うでしょうね。そうかもしれません。でもこのような境遇でわたしが耐えねばならない苦痛は、けっして空想の産物じゃない。思うに、おそらくいちばんいいのはすっかり黙り込んでしまうことでしょう。わたしが嘴を閉ざしたところで、春のすばらしさが減ったりはしませんからね。わたしが助けてやったクジャクチョウがまた部屋に舞いもどってきて、暗い片隅に翅《はね》をたたんでうずくまったまま動きません。わたしもそうすることにします。

お元気で、かわいいゾニチュカ。もっとたびたび葉書の挨拶をお送りしますね。

悲しいローザ

フランス社会主義政党指導者ジャン・レオン・ジョレス（一八五九―一九一四）は、世界大戦に反対する立場を変えなかったために、このときにはすでに狂信的国粋主義者に暗殺されていた。一九一四年七月、世界大戦勃発の前夜のことである。彼とローザとは多くの点で激しい意見の対立があったにもかかわらず、人間的に相手を理解し合い友情で結ばれた間柄だった。一九〇四年、アムステルダムでの第二インターナショナルの大会でジョレスがローザを批判する演説をしたさい、たまたま通訳がいなかったのでローザが演壇に駆け上がり、彼の雄弁を生きいきとしたドイツ語に訳して、満場の喝采を浴びたという有名な逸話がある。彼女の弁舌の才にもまた定評があった。

この手紙でローザが訴えている「責め苦」の一つはおそらく偏頭痛で、一、二週間も続くことのあるひどい偏頭痛は彼女の持病だった。この直後に立て続けの手紙と電報さえもらって来訪を乞われたマティールデ・ヤーコプは、ヴロンケに駆けつけたときのローザのようすをつぎのように記している。

「私はそのころローザのこんなに悪い健康状態を見たことがなかったので、戦々兢々だった。彼女はもう仕事ができなくなっていた。自分の身体の苦痛をあまり気にかけない彼女が、こっそり私に手紙を書いてきた――〈わたしは精神的鬱に悩んでいます。ときどきひどく悪化して、ひどい恐怖心に襲われます〉。胃病もときどき激しく痛みだして、食事もまったくかほとんど摂れないことがあった。私の訪問を頻々と望むようになり、過度のホームシックに苦しんでいた。……私が訪ねると、ローザは私の膝にのって愛撫に身を任せ、それ以外のことには耐えられなかった。彼女は明らかに病気であり、どうするすべもなかった。……ときには想像できないほどの気むずかし屋になり、神経過敏のあまり私に会うのを拒んだことさえあった。」

［ヴロンケ］　一九一七年六月八日

最愛のゾニチュカ！

　わたしが見守っていた小さな友だちが、とうとう今夜死にました。その骸《むくろ》をお送りします。最期にからだを痙攣させ、小さな翅《はね》をひろげたまま窓のところにぱたりと落ちるところまで見届けたのです。ごらんなさい、肢を引きつったように縮めて胸もとに押しつけているでしょう、これがあらゆる動物の断末魔の典型的なすがたです。

　今夜は一睡もできず、ひどい偏頭痛がします。でもそんなのどうでもいいこと。それよりこのさい、わたしは持論を譲りませんよ、あなたはエーベンハウゼンでの療養をもっとつづけなくてはいけません、ベルリンで子どもたちの面倒を見たあとも。ここヴロンケでは、食物はあなたがここで潤沢に摂れた一二月のころには比ぶべくもありませんが、わたしには十分です。でもあなたには行き届いた養生が必要なのですよ、そこをよくよく考えてください。おまけに、ヴロンケはとても低い土地にあって、おそらくベルリンと同様、海抜四〇メートルかそれ以下。

あなたの神経には高地の空気が必要です、ミュンヘンなら少なくとも海抜四〇〇メートルくらいでしょう。低地は病んだ神経に重苦しく作用します。こういうことはみな重要なのですよ、重ねて繰りかえしますが、あなたはエーベンハウゼンに留まっていなくてはいけません。お願いですから、どうなさるつもりか正確なところを知らせてくださいね。

今日は自分を鞭打ってまじめに仕事に励みました。これがわたしには一番いいようですよ、ゲーテより健康的で。ところで今日、書類をかきまわしていたら作者不詳のスペインの詩がみつかりました。それをあなたに書き写してあげましょう、ひょっとしたら気に入ってくださるでしょうから。

なぜです、おお　言っておくれ、なぜわたしの目をすっかり避けるのか、
空を漂うおまえの姿の、さっと掠め過ぎてしまうほのかな影すら
わたしのまったき宝、わたしの日々の幸福だったのに。
そしてわたしの孤独な夢の、微光をはなつ内容だったのに。
おお　言っておくれ、この忠実な心がどんなしくじりをしたのか、
おまえの姿は、ちょうどあの星が河をじぶんの鏡に選びとり、

青いさざ波に愛撫されてゆらゆら揺れているように、
この心にあれほど清らに寄り添っていたのに。
おお　言っておくれ、いつわたしの愚かな口が罪を犯したのか、
アトリやシジュウカラと競って、ひたすらおまえを讃えたくて、
春の輝かしさを、蒼穹の謂われを、大地の華麗さを歌いあげたときに！
それが罪になるとはつゆ知らず、
わたしの魂はおまえの掌《たなごころ》へ飛んでゆき、
無邪気にもおまえの寵愛をおずおずと乞うたのです、
日向《ひなた》の砂場であの雌スズメが、やさしいチュンチュン声をあげながら
羽根をばたつかせるのと同じこと、
その両の羽根は夫スズメに伝えようとしているのです、
あなたを愛してる、人生はすばらしい、でも春は短い、と。
おお　言っておくれ、なぜおまえは怒っているのか！
これはわたしの最後の叫び。
その声は心やさしい谺《こだま》もなしに戻ってくる――

わたしのへりくだった気持にだって限度がある、
それは苦痛と誇りから、頭をぐいと上げるでしょうよ、
おまえはもう二度と、わたしが泣くのを見ることはない、
もう二度とおまえの耳が不快がることもない、
口ごもりがちなわたしの哀願にも
胸ふくらませて人生と幸福をうたうわたしの歌にも！

どう、お気に召しました？

このあいだあなたの手紙にあったあのモーパッサンの詩、確かにわたしのものの見方に合致しています。けれども彼の短編や長編の小説となると、もうとても読めません。こういうご婦人私室向き文学はぜんぶ、過去に属す世界と同様、わたしにはもうけりがついているのです。それが時代のせいなのか、わたしのせいなのかは、わかりません。わたしたち、このことでは意見が一致しないかもしれませんね。あなたはたいへんなフランス人贔屓ですもの。

ではごきげんよう、ゾニチュカ

あなたのいつものR

入獄して以来、ローザが外界からの遮断と孤独に耐えて生き抜くべくみずからに課した仕事が、政治と経済学の論文や友人たちへの厖大な数の手紙と並んで、ロシアの作家ヴラディミル・コロレンコの『同時代人の歴史』の翻訳だった。この翻訳作業は獄中での彼女自身の思索と内省とひびきあって彼女の支えとなり、またこれに付された彼女の序文は、文学と社会という観点からの近代ロシア文学分析として、彼女の面目躍如たるすぐれた文学論だと評価が高い。

ヴロンケ　一九一七年七月二〇日

ゾニチュカ、わたしの秘蔵っ子、ここでの暮らしが終わるのがはじめに思ったよりも先延ばしになっているおかげで、あなたはヴロンケからの最後の挨拶をこうしてまだ受けとれるというわけです。いったいどうして、わたしがもう手紙を書かないだろうなんて思ったの！　あなたへのわたしの気持は少しも変わっていないし、変わりようがない。手紙を書かなかったのは、あなたがエーベンハウゼンを発って以来、無数の用事で天手古舞いなことを知っていたからですし、それにここしばらく、書ける気分じゃなかったのです。

わたしの移転先がブレスラウだということは、もうご存知でしょう。今日は朝早くに、わたしの小さな庭に別れを告げに出ました。灰色の天気で、雨まじりの荒れ模様、空には千切れ雲が走っていましたが、それでも普段どおりの朝の散歩を今日は心ゆくまで存分に味わいましたよ。塀沿いに石を敷きつめた細い道、ほとんど九か月のあいだわたしが行きつ戻りつした道に、さようならを言いました。そこの石の一つひとつ、石のあいだに生えている小さな草の一つひとつを、いまでは知りつくしています。敷石でわたしの興味をそそるのはそのさまざまな色合いです。赤味や青みを帯びた色、緑や灰色。とりわけ長い冬には、ほんのちょっとでもいい、いのちの萌える緑を見たいと待ち焦がれていましたから、色に飢えたわたしの目は石にわずかな彩りを求めて、自分を元気づけようとしたのです。そしていま夏になってはじめてわかりました、石のはざまにはたくさんの独特のもの、興味ぶかいものが見られることが！　たいへんな数の野生のミツバチやスズメバチがそこに住んでいるんです。石と石のあいだにクルミ大の丸い穴を穿って地中深くまで通路を掘りすすみ、土を中から運び出しては地表にじつにみごとな小山を築いています。その奥の巣に卵を産みつけ、蠟と蜜を貯える。穴からはハチが絶えず出たり入ったり。散歩のとき、地下の住まいの出入り口を踏んづけて塞いでしまわないよう、気をつけなくてはなりません。それに道のあちこちには、アリが絶えず往き来する横断路がまっすぐに通っています。びっくりするほど一直線で、まるで彼らのからだには、直線は二点間の最短距離であるという数学上の定理が刷り込まれているかのようです（たとえば未開民族にはこの定理はまったく知られていないのですよ）。そして塀ぎわには、元気旺盛な雑草が茂っています。すでに咲き終えて花びらをあたりに散らしているのもあれば、倦むことなく蕾をつけつづけているのもある。それにまるごと一世代の若木もそろっています。この春、わたしの見守るなかで、道のまんなかや塀ぎわに芽を出してすくすくと育ったのです。ちっぽけなアカシアは、老木の落とした莢《さや》の実から今年芽生えたにちがいない。何本ものウラジロハコヤナギの若木もやはりこの五月に生まれ出たばかりなのに、早くもよく茂った白っぽい緑の葉で身を飾っていて、嵐のときその葉を優雅に揺するさまは、親木とまったく同じです。こういうものたちのいる道を、何度わたしは端から端まで歩いたことか、そのたびに内面でどんなにさまざまなことを体験し、考えたことか！　厳しい冬には、新雪の降りつもったあと、まず自分の足で途をつけながら歩いたこともしばしばで、そういうとき、わたしの大好きなあの小さなシジュウカラがいっしょについてきたものです。秋にはまた会いたいと思っていましたが、あの鳥が窓辺のお馴染みの餌場に来ても、もうわたしはそこにいない。三月、まだ厳しい寒さのさなかに何日か雪解けもようの天気が訪れたとき、わたしの散歩道はちょっとした川になりました。いまでもそのときの光景を憶えています。生暖かな風が吹いて水面にさざ波が立ち、そこに映った塀の煉瓦が生き生きときらめいていました。そしてとうとう五月がやってきて、塀ぎわにさいた最初のスミレを、あなたに送ってあげたのでしたね。

今日こうして歩きまわって、あれこれ眺めては物思いにふけっているとき、頭の中にはずっとゲーテの詩句がしずかに鳴りひびいていました。

「老メルリンは光かがやく墓の中、
若かりしころ、わたしはそこで彼と話した……」〔「コフタの歌」〕

この続きはご存知ですね。この詩はむろんわたしの気分とも、胸の内をしきりと去来することどもとも、なんの関連もありませんでした。ただその言葉の音楽と詩のふしぎな魔力が、揺りかごのように心をゆすって落ち着かせてくれたのです。どうしてそうなるのか自分でもわかりませんが、美しい詩、とりわけゲーテの詩は、ひどく興奮したり動揺したりしているときのわたしに、いつでもこんなふうに深く働きかけてきます。それはもうほとんど生理的な作用で、渇いた唇で美味しい飲み物をすするときと同様、内面をすっきりと冷やして、心身ともに健康にしてくれるのです。あなたがこのまえの手紙で触れていた『西東詩集』のなかの一篇、その詩をわたしは知りません。書き写して送ってくださいませんか。もう一つ、まえまえからお願いしたかった詩があります。ここにあるわたしのゲーテ詩集には欠けている「花々の挨拶」。四行から六行ほどの小さなもので、わたしはヴォルフの歌曲で知っているのですが、言いようもなく美しい歌です。とくにその末尾が。歌詞はおよそこんなふうです。

「わたしは花束を摘んだ
熱い憧れの苦しさに、

それを胸に押し当てた、
ああ、それこそ千たびも！」

音楽ではこの箇所は、ひざまずいて声なく愛慕を歌いあげるような、神々しく、やさしく、清らかなひびきです。でもわたしは原詩をもう憶えていないので、それが欲しいのです。

昨夜、九時ごろのこと、また一つすばらしい光景を見ましたよ。ソファーに座っていると、窓ガラスにバラ色の反射光がきらめいているのに気がつきました。空はすっかり灰色だったので、びっくりして窓に駆けよると、そのまま魂を奪われたように立ちすくんでしまいました。一面どこも灰色の空の東のほうに、この世ならぬ美しさのバラ色をした大きな雲が、塔のように聳え立っているではありませんか。ただひとり、あらゆるものから自分を解き放ってきらめいているその姿は、まるでほほえみのように、人知れぬ彼方からの挨拶のように思えました。わたしは解放感に満たされて深く息を吸うと、思わず両手をその魔法の姿のほうへ差し伸べました。このような色、このような形姿があるからには、人生は美しい、生きる価値がある。ね、そうでしょう？　わたしはそのかがやく姿に吸い付くように視線を据えて、バラ色の光のひと筋ひと筋を体内に取りこみましたが、そのうち不意にそんな自分がおかしくて笑い出さずにはいられなくなりました。だってそうでしょ、空も雲も、人生の美しさも、ヴロンケにじっと留まっているわけじゃない、それらに別れを告げる必要はない。どれもわたしといっしょに来るのです、わたしがどこにいようと、生きているかぎり、わたしといっしょにいてくれるのです。まもなくブレスラウからお便りしますね、あちらにも訪ねてきてください、できるだけ早くに。カールに心からよろしく。

何度もあなたを抱きしめます。わたしの九番目の牢獄でまた会えるのを楽しみに。

あなたの忠実な
ローザ

ローザは獄中でずっと卓上カレンダーにその日その日の簡略なメモを書き付けていた。その多くは手紙の受信・発信の記録、入獄してからの経過週間数で、そのほか動植物についての観察や体重だのの記録もあるが、七月一五日には紙の真ん中に大きな十字架が描かれていた。この日にブレスラウへの移監通告を受けたのだろう。

そしてこの手紙の直後の七月二二日に、シュレージエンのブレスラウ（現在はポーランドのヴロツワフ）の陰鬱な大監獄へ移される。翌朝、彼女はマティールデにこう書き送っている。「昨日、疲れて半死半生でこちらに着きました。わたしはもう人間と雑踏にこんなに耐えられなくなっているんですね！　ここでの居房の第一印象は、涙を抑えるのに苦労したほどの暗澹たるものでした。ヴロンケとは雲泥の差。でもいくらか暮らしやすくする手は打ってもらえるでしょう、その点は疑いません。最悪なのは食事の問題——わたしにとっては重大問題です」。戦時下の食料配給制のもとで、胃病のローザのための食事は調達困難で、マティールデがその地の党友の援助を求めて走り回ったものの誰もが尻込みして断るなか、ようやく一人の支持者に食事の差し入れを引き受けてもらえた。

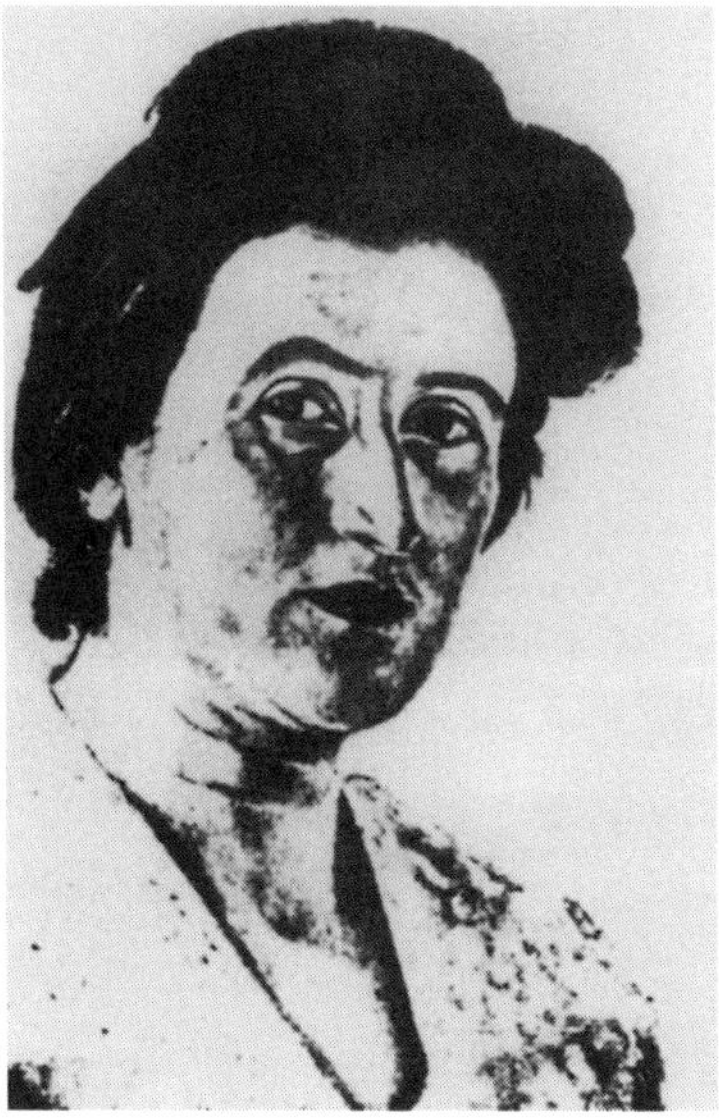

自画像（油彩）

IV

ブレスラウから

ブレスラウ　一九一七年八月二日

最愛のゾニチュカ！

二八日に手にしたあなたの手紙は、外界からここのわたしに届いた最初の便りでした。どんなにうれしかったか、ご想像つくでしょう。あなたはわたしの身を案じるあまり、今回の移監をそれこそ悲劇的に受けとっておいでですね。われわれのような者はつねに「おのが立つべき場をしっかと踏まえて（den Fuß beim Male）」生きているので、ご存知のようにわたしは運命の変転をすべて、そういうときに必要な明るい平静な気持で甘受します。ここの暮らしにはもう慣れましたし、今日はもうヴロンケからわたしの本を詰めた荷箱も届きました。ですからまもなくここのわたしの二部屋の居房は、本だの絵だの、ふだん持ち歩いているつつましい装飾品だので、ヴロンケにいたときと同様、わが家のように居心地よくなりそうで、これまでに倍する意欲でもって仕事にかかれますよ。ここで不足しているのは、もちろん、ヴロンケでは比較的制約の少なかった運動の自由です。あそこでは城塞内を終日いつでも自由に歩きまわれたのに、ここでは房内に閉じ込められたまま。それにあのすばらしい空気も庭もありません、とりわけ鳥たちも！　あの小さな仲間たちにわたしがどんなに愛着しているか、あなたには思いもよらないでしょうね。でもむろん、そんなものはみんななくても済むもの、わたしだってそのうちに、あそこはここよりずっとよかったなんてことは忘れてしまうでしょう。ここの環境全体はバルニム街監獄とかなり似ていますが、ただあそこの病院のきれいな緑の中庭がここにはありません。あそこでは毎日、動物や植物についての何かちょっとした発見ができたのですけどね。ここには石を敷きつめた大きな作業用中庭があって、わたしの散歩場になっていますが、「発見」できるものなんてなにもありません。しかもわたしは歩くとき、視線を灰色の敷石にむりやり釘付けにして、中庭で作業している女囚たちを見ないですむようにしているのです。屈辱的な服を着せられている姿を見るのは苦痛でなりません。なかにはいつも何人か、人間の最低位におとしめるこの烙印によって年齢も性別も個人的特徴も消し去られている人がいます。でもまさにそのことが痛々しい磁力となって、どうしてもわたしの視線を惹きつけてしまう。むろん囚人服によってさえいささかも損なわれない人、画家の目には喜びとなりそうな姿は、どこにでもいるものです。わたしもすでに、中庭で働いているそういう若い女囚をみつけました。痩せぎすの体型といい、頭を布でくるんだ厳しい横顔といい、そのままミレーの絵になりそう。なんとも気品ある身のこなしで彼女が荷物を引きずってゆくさまは、見ほれてしまうほどで、たるみのない皮膚と、一面白墨さながらの色をしたその細面《ほそおもて》は、悲劇を演じるピエロの顔を思わせる。でも悲しい経験のおかげで利口になったわたしは、見たところ大きな期待をいだかせるこういう人物を、なるべく避けるようにしています。というのもバルニム街監獄でも、風貌も態度もまことに王者を思わせる一人の女囚を見つけて、その外見にふさわしい「中身」をもっている人だろうと思ったのです。そのうちに彼女がわたしの獄棟の雑役婦としてやってくるようになったのですが、二日もすると、この美しい仮面の下にとんでもない愚かさと下卑た心根が隠されていることがわかって、それからは彼女を見かけるといつも目を逸らしたものです。そのとき思いましたよ、ミロのヴィーナスが最高の美女としての名声を幾世紀ももちつづけられたのは、結局のところ、たんに彼女がものを言わないからにすぎないのだ、と。もしも彼女が口を開いたら、ただの洗濯女かお針子と変わりはないとわかってしまって、すべての魅力は雲散霧消するかもしれませんよ。

わたしのお向かいにあるのは男囚監獄、通例どおりの陰気な赤煉瓦の建物。でもその塀の斜め向こうに、公園かなにかがあるのでしょう、木々の緑の梢が見えます。クロヤマナラシの大木が一本あって、強い風が吹くとざわざわと葉ずれの音がここまで聞こえてきますし、それよりずっと明るい色のひと並びのトネリコには、黄色い莢《さや》が房をなしてぶらさがっています。窓は北西を向いているので、美しい夕映えの雲が見えるときがよくあって、おわかりでしょ、そういうバラ色の雲一つだけでもわたしを陶然とさせて、あらゆることの埋め合わせをしてくれます。いまこの時刻――晩の八時です（つまりほんとうは七時ですが〔夏時間〕）――、太陽はようやく男囚監獄の破風の向こうに沈みかけたところで、屋根の天窓をとおしてぎらぎらと輝き、空一面が金色に光っています。わたしはとてもいい心持ちになって――なぜかわかりませんが――グノーのアヴェ・マリアをそっと口ずさまずにはいられません（この歌はあなたもご存知ですね）。

ゲーテの詩を書き写してくださってありがとう。「資格ある男たち」〔マホメットが戦死者に贈る言葉〕は、こうして見せてもらわなかったらわたしの目にとまらなかったでしょうが、たしかに美しい。ひとに示唆されて何かの美しさに気づくというのは、よくあることですね。また一つお願いしたいのですが、折りを見て「アナクレオンの墓」も書き写していただけませんか。この詩はよくご存知？　わたしがそれをはじめて正しく理解したのは、もちろんフーゴー・ヴォルフの曲をつうじてです。歌曲ではこの詩はまさしく建築的な美しさが印象的で、ギリシャの神殿を目のあたりにしている心地がします。

あなたはお訊ねですね、「どうしたら善良になれるのか」、心の内に住む「下劣な悪魔」をどうやって黙らせるのか、と。ゾニチュカ、わたしが知っている手は一つきり、快活さと人生の美しさを結びつける、あのやり方しかありませんよ。美しいものは、目と耳の使い方さえ理解すれば、どこにいようとかならずわたしたちの周囲にある。そして腹立たしいこと、くだらぬことすべてを高く越え出て、内面の均衡をつくりだしてくれるのです……

ちょうどいま――ちょっと手を休めて空を見たところ――太陽はもう建物の向こうにすっかり沈んで、その上空には――どこから湧いて出たのか――音もなく走り寄ってきた幾万もの小さな雲が浮かんでいます。縁は銀色にかがやき、中心部は繊細な灰色、そしてそれらの吹き千切られた破片のシルエットがすべて、北をめざして流れていく。この雲の動きには、屈託のなさと涼しげな微笑がじつにたっぷりとあって、こっちまで釣り込まれてほほえんでしまいます。こうやっていつも自分を取り巻く生活のリズムに合わせていくしかありませんもの。このような空を眺めていて、だれが「むしゃくしゃ」したり、狭い了見にとらわれたりできます？　あなたも自分のまわりを眺めることを忘れないでくださいね、そうすればいつでもまた「善良」になれますよ。

カールがとくに鳥の歌声を扱った本を欲しがっているとのこと、ちょっと首をかしげています。わたしにとって、鳥たちの声は彼らの習性や生活の全体と不可分のもの、興味を惹くのはその全体だけで、切り離されたなにか一つの細部ではありません。彼に動物地理学についてのよい本を差し入れておあげなさいな、きっと得るところがたくさんありますよ。

近いうちに会いに来てくださるでしょうね。許可が出たらすぐ電報で知らせてください。

何度もあなたを抱きしめます

あなたのR

まあ、たいへん、八ページにもなってしまいました。今回はこれでもなんとか出してもらえるでしょう。本をありがとう。

マティールデに急ぎの伝言をお願いします。わたしのライプツィヒ事件の控訴審開廷日は今月の八日、ドレスデン、裁判所通り二番地のII、控訴裁判所一五四号室。このことをわたしの弁護士に知らせるように、と。

この手紙のはじめに引用されている句“den Fuß beim Male”は、一八四〇年代ドイツ革命期の代表的詩人フェルディナント・フライリヒラート（一八一〇—七六）が、自由へ目覚めよと民衆に呼びかけた詩“Guten Morgen”のなかの一行、“Für sein Recht den Fuß beim Male hält”からとられている。

末尾の追伸にあるライプツィヒ事件というのは、一九一六年七月六日にライプツィヒの社会民主党幹部集会でローザのおこなった反戦演説にたいする裁判を指している。この集会が無届だったという理由で彼女は六週間の禁固刑を下され、それへの不服申し立てが翌年三月に却けられたため控訴していた。八月八日の裁判の結果は控訴却下。

ブレスラウ　一九一七年八月二九日

最愛のゾニチュカ、二通のお便り、ありがとうございました。こんどは会ってお話しできると期待しきっていたのですが、あなたの訪問は九月になるまで延期になってしまって！　でもそのときを待ちつづけます、希望はなくしていませんよ。あなたの手紙の憂鬱そうなこと！　胸が痛みます。いまは毎日とてもいい天気ですもの、手の空いたときに外に出れば、すてきなものがたくさん見られるでしょうに。暇を活用なさいな、野原や植物園にたびたびお出かけなさい。マティールデに手紙で、あなたのお伴をして植物園へ行くように言っておきました。そうでもしないと、あなたは出かける元気を奮いおこせないのじゃないかと心配で。それにあなたの報告がほしくてたまりません、あそこではいまどんな花が咲いているのか、すべてがどんな様子か、そしてどんな鳥の声が聞こえるか。ついでながら、ライプツィヒの出版社から鳥の声に関する〔アルヴィン・〕フォイクトの本の小型版を入手したのですが、これならカールの意図に十分に適いそうですよ。そこにはすべての鳥の声が音節と音符で示されています。ただしわたしの思うに、この方法は役に立ちません。鳥の声をよく知らない人には、こういう符号はなにも語らないし、正確に知っている人は、こんなものは要りませんからね。ちなみに大型本のほうも、出版社から直接ならばたぶん手っ取り早く手に入るでしょう。

読むものはいまのところ十分にありますし、ハンス・D〔ディーフェンバッハ〕も心がけていてくれます。あなたがこのまえ送ってくださった本のなかには、とても興味ぶかいものがありました。考えてもごらんなさい、クララ〔・ツェトキン〕はいまゴンチャロフの『オブローモフ』を読んでいて、たいへんな感激ぶりなんですよ！　あなたはたぶん、まだ半分子どものころに学校で読んだことでしょうね。いずれにせよわたしは、もう一度読んでみるのもおもしろかろうと、送ってもらうことにしました。わたしの記憶違いでなければ、あなたはいつか、ミラボーの書簡集か回想録のことをおっしゃっていましたね。わたしも興味をひかれそうです。

今日はすばらしい天気。日照りのさなかに一時間、石敷きの中庭を往きつ戻りつ散歩したのですが、近くの家の一つから騒々しい蓄音機の音がひびいていました。ふだんならこのカーニヴァルめいた機器には身の毛がよだつのに、いまはなにしろ音楽に飢えきっていますから、その粗雑な、喉を締めつけられたような音でもうれしくてたまらず、まるで料理女が皿洗いをしながら手回しオルガンの音に聴きほれる図さながらでした。まえにも書いたと思いますが、わたしの獄房からは、少し離れたところにある何本かの木の梢が見えて、そのうちの一本がクロヤマナラシです。とてもすばらしい木で、いのちの息吹をたっぷりと周囲に送り込んでくれます。空気がそよとも動かず、ほかの木々がしずまりかえっているときでも、クロヤマナラシの梢では、しなやかに動く密集した葉がいつもざわざわと鳴っている。葉むらは流れる水のようにきらきらと震えて、絶え間ないざわめきを送ってくるので、あそこの池にはびっしりと葦が生えていて、風に揺られて鳴っているのではないかと思ってしまうほどです。いまの時季こそたびたび野原や森をお歩きなさいね、夏の残りのすばらしい二、三週間を有効に！　わたしは胸のうちで、そういう遠出のたびにあなたのお供をしていっしょに愉しみますよ。カールとお子さんたちにくれぐれもよろしく。近いうちにまた手紙を書いてください。

心をこめて抱擁を

いつもあなたのローザ

ついでながら、ご忠告を。味も素っ気もない「エルフルト綱領」〔一八九一年にドイツ社会民主党大会で採択された党綱領〕なんぞ読むかわりに、もしくはせめてそのあとに、『レッシング伝説』をお読みなさい。この本のほうがはるかに得るところが大きいですよ。

［ブレスラウ］　一九一七年九月九日
日曜日

最愛のゾニチュカ、あなたの手紙の結びのおかしいことといったら。手紙が長すぎるとか愚にもつかないとか思ったら最後まで読まないでくださいだなんて。笑いころげてしまいました。わたしがどんな喜びと興味をもって何度も読みかえしているか、ご存知でしたらねえ。とってもうれしいのは、あなたがミュンヘンでオペラを観にいらしたこと、とりわけ『魔笛』にはわれを忘れるほどだったこと。あれはこの世のものとは思えないところのあるオペラですね。序曲にお感じになったかしら、あの魔法のような軽やかさと、期待でぞくぞくさせるような進み方、まるで森に隠れているいたずらな妖精が笑っているような。ちなみにこの序曲のすてきな主動機《ハウプトモティーフ》はクレメンティ〔同時代の作曲家〕からの盗用です。でもそこからモーツァルトの創りだしたものといったら！　ねえ、ゾニューシャ、音楽はあなたをそんなに感動させるのですもの、こんどは『地獄のオルフェ』〔オッフェンバック〕をぜひ聴きにお行きなさい、ドイツ・オペラ座（シャーロッテンブルク）での公演に。天才的な作品ですよ、随所にきらめく機知、すてきなメロディー、才気にあふれ、独創的で、優美だから、あなたの疲れを爽やかに癒してくれるでしょう。ああ、お願いだから行ってくださいね。ちょっと聞き苦しいところや俗物的なところがあるかもしれないのが心配ですが、それでも効能はまちがいなしです。もうひとつお勧めしたいのが、ドイツ座での『お気に召すまま』（どれもこれも今週！）これにはお子さんたち、あるいはそのうちの一人でも――あなたにその気がおありなら――連れていって大丈夫ですよ。でもわたしとしたことが何を言っているんでしょう、あなたはこの芝居をよくご存知にきまっているのに。わたしはただ、あなたがこれをドイツ座の抜群にすぐれた公演で観たことがあるかどうか、知らなくて。いつかわたしはハンス・Dと観にいって、ふたりとも大喜び、笑いに笑って、これこそ世界文学最高の喜劇だと意見一致したのです。じっさい、わたしはシェイクスピアの喜劇をなによりも高く買っています。でも戯曲はたいてい理解できません、つまり、そのどこに感嘆すべきかわからないのです。

　あなたの植物園描写を読んで、うれしくてなりませんでした。ハイビスカスはドイツ語では Ibisch もしくは Eibisch、東インド産のアオイ目、あなたの説明からすると、きっと豪奢な花でしょうね。「カタルパ」〔和名ハナキササゲ〕は「ラッパの木 Trompetenbaum」、いまもまだ咲いているのかしら？　もうほとんど終わったでしょうね。植物園にいる鳥についてはひと言もありませんね。なんの歌も聞こえないほど、しずまりかえっていました？　もっともいまはちょうど、おもな鳴鳥はみんな南を指して旅立つ時季ですね。ゾニューシャ、あなたは想像できるかしら、小鳥、たとえば、スズメよりまだかなり小さいコマドリが、春に南（南エジプト）からヘルゴラント〔北海にあるドイツ領の島〕までの旅を一晩でやってのけるなんて。こんな小さな生きものが、北へ再び帰りたいと、これほど驚くべき熱い思いを抱いている。南へ渡る秋にはこれとはちがって、おおかたの渡りの群はためらいがちにしか飛んでいかず、途中で何度も旅を中断して休みます。それほど故郷を去りがたいのです……

ここで声が聞けるのは二羽の小鳥だけで、朝夕、向かいの監獄の屋根で啼きます。カンムリヒバリとジョウビタキ。両方ともわたしたちのところでは留鳥《りゅうちょう》で、冬もここに留まってくれる。でもいまは短く二、三回声を張りあげるだけで、とても哀れっぽくひびきます。それでも聞こえるたびに、友だちから挨拶を受けたようなうれしい気分になりますよ。

ハンス・Dがこんどはロマン・ロランの『ジャン＝クリストフ』を送ってきてくれました。あなたがこの本にどんな判断を下すか聞きたいものです。わたしはもちろん興味ぶかく読みましたよ、共感のもてる、真面目な、いい小説です。でもわたしの好きなスタンダールとかゴールズワージーのような、自由大胆で偉大な芸術ではない。ハンスの見方はわたしと違って、世界文学の真珠だと言っています。でも彼は乗せられて思いちがいすることが多いですからねえ。わたしに『奈落 *Abgrund*』を送ってくださいませんか。それとも――持ってきてくださるか――、この期待を口にする勇気がもう出ないのですけれど……
近いうちにまたお便りをくださいね。

変わらぬ愛情をこめて抱擁を
あなたのR

この文末の「勇気」云々の一文は、九月に予定されていたゾフィーの訪問許可がなかなか下りず、二人とも内心じりじりしていたための言葉。ようやく九月一二日に許可の通知があって、ゾフィーは一八日から一週間ブレスラウに滞在した。

追伸（「女はたがいに別れゆくとき、
なおも長いこと立ちつくす」……）

ゾニチュカ、送ってくださったすてきな薄紫色の植物、残念ながら花がもうすっかり乾いてしまって、なんという植物なのか確実には特定できません。“Calamagrostis”（ドイツ名は Feder-gras）〔和名はノガリヤス、イネ科の草〕ではありえませんね、禾本《かほん》科の植物はけっしてこういう花をつけないからです。いちばん可能性が高いのはラヴェンダーの一種。どこで摘みました？

薄青色のチコリーの花はわたしも大好きです。ズュートエンデには野原の道ばたにかなりたくさんありますよ。ドイツ語の俗名は“Warte”〔周囲を見晴らす場所の意〕で、これについては可憐な伝承があります。捨てられた乙女が道に出ては、不実な恋人がもどってくるのを待っていたけれど、道の彼方にむなしく目をこらしているうちに、とうとう地面に根が生えて一輪の花になってしまった。そう、チコリーの花に。

〔マックス・〕リーバーマン〔ベルリン分離派を率いた画家〕には、わたしは冷やかな敬意は抱いているものの、興味を惹かれたり熱くさせられたりは全然しませんね。自分の芸術をじつに冷たいとみずから感じている人が、どうしてほかの人の心を熱くさせられます？　まさにあなたの言うとおり、彼には天賦の才が欠けている、それだけのこと。

〔ヴィルヘルム・〕ブッシュの『心情の批判』〔詩集〕は知りません、わたしが知っているのは

『信心深いヘレーネ』『フィルツィウス神父』〔いずれも絵物語〕その他で、俗物を槍玉にあげた諧謔家としての彼だけ。これらのドイツ的「風刺」を味わい愉しむところまでは、どうしてもいきませんでした。けれどもそれらの詩があなたのお気に召したとあれば、わたしも試しにともかく読んでみたいものです。

いまわたしは地質学にはまっていて、大いに頭を酷使しているところ。地質学は情熱に近いほどの関心をそそります。ゾニューシャ、想像できます？　究明された一二の地殻の層の最古のもの――有機的生命が地球に生まれるまえの「アルゴンキア界」〔原生代の開始期〕、つまり百万年を無数に重ねたほど昔の時代ですよ――そんな時代からの粘土板がスコットランドにまだあって、そこには夏の夕立が遺したかすかな痕が見てとれるんですって！　感動的じゃありませんか。時代の深い深い奥底からの微笑をたたえた挨拶、そう思いませんか？　ではもういちど、さようなら！

あなたの忠実なR

マルタ〔・ローゼンバウム〕のところで撮った小さな写真のあなたを見て、ほんとにうれしかった！　すてきに撮れてますね、まさに本人そのままに。いつになったら会えるのかしら⁉……

［ブレスラウ　一九一七年一一月一六日以後］

大好きなゾニチュカ、ようやくまたあなたに手紙を出せる機会が来そうなので、思いのたけを込めてペンをとります。これまでどんなに長いあいだ、あなたとせめて紙の上でもおしゃべりする楽しい習慣を諦めてきたことか！　そうするしかなかったのです。手紙はわずかな回数しか書くのを許されなくて、その機会は手紙を待っているハンス・Dのためにとっておかざるをえませんでした。いまではそれももうおしまい。わたしの最後の二通はすでに死んだ人宛に書いていたのです。一つはもう返送されてきました。いまでもまだその事実をどうしても呑みくだせない。でもその話をするのはやめておきましょう、そういうことは自分ひとりでけりをつけるのがいちばんいい。だれかがわたしを「いたわって」、悪い知らせを聞く心の準備をさせようとしたり、（クララのように）自分の悲嘆を語ることで「慰め」ようとしたりすると、わたしは言いようもなく苛立ってしまいます。いちばん親しい友だちさえ、いまだにわたしをこんなにもわかってくれず、こんなにも過小評価して、こういう場合にいちばんいい、いちばん優しいやり方は、わたしにすぐさま、でも簡潔に、さらりとひと言、「彼は死んだ」と言ってくれることだとは理解してくれない――このことはわたしを傷つけます。でももうこの話はおしまい。

ゾニチュカ、わたしの小鳥さん、どんなにたびたびあなたのことを考えることか。というより、あなたはいつもわたしの目のまえにいます。その姿は寂しげで、凍えたスズメみたいに風に翻弄されているようで、わたしはあなたを守ってあげなくてはいけない、元気づけ蘇生させなくてはいけない、そういう気持にいつもなるのです。いまこうして過ぎてゆく何か月も何年もの時間が、ほんとに惜しい。その年月に、こんなにおそろしいことが世界に起きているにもかかわらず、わたしたちはたくさんのすばらしい時間をいっしょに味わえたでしょうに。でもね、ゾニチュカ、これが長く続けばつづくほど、そして毎日のように起こる卑劣で奇怪なことどもが限度を越えて増えていけばいくほど、わたしは気持がますます冷静に、そして堅固になってゆきます。元素だの、吹雪だの、洪水だの、日蝕だのにたいしては、道徳的尺度を当てはめることはできず、ただ所与のものとして、研究と認識の対象として、観察しなければならないのと同じです。

人類全体にたいして怒り狂ったり憤慨したりするのは、結局のところ無意味ですからね。

　どう見てもこれらは客観的に唯一可能な歴史の道程なのです、そして人間は基本的な方向を見誤ることなくそれに従っていくしかありません。わたしはこう感じるのです、わたしたちが泥に足を阻まれながら渡ろうとしているこの道徳のぬかるみ、わたしたちがいま生きているこの大癲狂院、その全体が一朝一夕のうちに、魔法の杖の一振りで、がらりと反対のものに、途方もなく偉大で英雄的なものに、変わってしまうことがありうる、そして――もし戦争がまだ二、三年も続くようなら――きっとそうなるにちがいない。そのときには、いまわたしたちの目には人間の名を辱めているとしか見えないそのまさに同じ連中が、みんなといっしょにヒロイズムに浮かれさわぎ、そして今日のすべてのことは拭い去られ、まるでなかったことのように忘れられてしまうだろう、と。この考えに、わたしは笑い出さずにはいられません。そして同時に内心に、報復を、処罰を求める叫び声があがります。なんでこんな破廉恥漢どもが忘れられ罰せられずにいてよいものか、そして今日の人間の屑どもが、明日には頭《ず》を高くして、場合によっては新しい月桂冠をいただいて人類の高い壇上を闊歩し、最高の理想の実現に手を貸そうというのか、と。でも歴史とはそういうもの。わたしはよく知っていますよ、「正義」を求めて報復がなされ決着がついたことなど一度としてなく、ひとはすべてを甘受せざるをえないのです。まだもっと知っていますよ、かつて学生のころチューリヒで熱い涙とともに読んだ

〔N・I・〕ジーバー教授の*Otscherki perwobytnoi ekonomistscheskoi kultury*〔『原始経済文化概説』〕に、ヨーロッパ人がアメリカ・インディアンの駆逐と殲滅をいかに計画的におこなったかの叙述がありました。わたしは絶望して拳を握りしめましたが、それはたんに、そんなことが可能だったということにたいしてだけでなく、そのすべてに報復も、処罰も、償いもされていないことにたいする絶望でした。わたしは胸の痛みに震えました。あのスペイン人たち、あのアングロ・アメリカ人たちは、とうの昔に死んで腐爛し果てている。彼らがインディアンたちに加えた責め苦のすべてを審理する裁判を開こうにも、彼らを生き返らせるすべはないのだ、と。でもこういうのは子どもじみた捉え方ですよ。だから聖霊に敵する今日のもろもろの罪業やあらゆる破廉恥にしても、歴史的に精算の済んでいない勘定書きの反古の山のなかで行方不明になり、やがてみんなが再び「兄弟たちの一致団結した民」になるんでしょう。

このことがまさに意識にのぼってきたのは、今日のことです、ウィーンの社会民主主義者たちがペテルブルクのレーニン政権に送った電報のことを読んだときに〔ドイツ社会民主党機関紙『前進《フォアヴェルツ》』で〕。熱狂的な同意と祝意を表明した電報！　あのアードラー、ペルナーシュトルファー、レンナー、アウステルリッツといった連中〔いずれもオーストリアの党幹部、大戦中は社会ショーヴィニスト〕――かたや、心臓から血を流しているロシア人たち！　でもまさにそういうものです、その後は、それまでのことはまるでなかったのですよ。

ような顔をするでしょう……　ちなみに、世界が始まってこのかた、たぶんいつもこうだった

アナトール・フランスの『神々は渇く』を読んでごらんなさい。わたしがこの作品をじつに偉大だと思う主な理由は、あまりにも人間的なものを、天才的なまなざしをもって見据えてこう示しているからです。見よ、あのように惨めな嘆かわしい人物たちから、あのような日常的些事から、歴史のしかるべき瞬間には巨人の業にも似た出来事と記念碑的な意思表示が生まれてくるのだ、と。わたしたちは社会に起きることも、私生活に起きることと同様に、心静かに、おおらかに、穏やかな微笑をもって受けとめなくてはいけません。わたしは、戦後か戦争終結時にはあらゆることがついに正しい方向に転じると固く信じていますよ。でもそれまではどう見てもまず、最悪の、非人間的なまでの苦難の時期をくぐりぬけなければならないのです。

笑いたくも泣きたくもなるのは、あなたのように、陽をあびて心おきなくのどかな歌をうたうべく生まれついたこんなに華奢な小鳥が、どうしたことか運命によって世界史のいちばん暗くて残酷な時代に放り込まれてしまったことです。でもわたしたち、並びあって時代をともかく泳ぎぬきましょう、だいじょうぶ、うまくいきますよ。

ついでながら、わたしのいまの言葉がべつのイメージ、ある事実を思い起こさせました。と

ても詩的で、とても感動的な事実に思えるので、あなたにお伝えしたい。最近、渡り鳥についてのある学問的著作で読んだのですが、渡り鳥の移動にはかなり謎めいた現象がこれまでに見られているとのことです。観察によれば、ふだんなら不倶戴天の敵として攻撃したり喰ったりしあう異種どうしの鳥たちが、渡りの大旅行では仲良くいっしょに南をめざして海を越えてゆく。エジプトには冬になると鳥のものすごい大群がやってきて、雲のように上空を覆わんばかりに飛びかい、空が暗くなってしまうほどで、この群れには、猛禽のオオタカ、ワシ、タカ、フクロウなどにまじって、ヒバリ、キクイタダキ、ナイティンゲールといったからだの小さい鳴禽がいて、いつもなら彼らをつけ狙う猛禽類のただなかでもまったく不安なしに飛んでいる。つまり旅しているあいだは、暗黙のうちに〈神の休戦〉〔教会の祭礼期間中の一時的休戦〕が保たれているらしいのです。みんなが共同の目的地をめざして力を尽くす、そして疲労のあまり半死半生でナイルの岸辺に降り立つと、それからは種類と同郷者ごとに分かれて暮らす。そう、もっとありますよ、「大きな池」〔大西洋〕を渡るこの旅で、大きな鳥が背にたくさんの小鳥をのせて運んでいるのが観察されているのです。だから上空を渡ってゆくツルの群れが見えたとすると（「あれを見ろ、あれを見ろ、ティモテウス」〔シラーのバラード「イビュクスの鶴たち」の一場面〕、その背中ではごくごく小さな鳴鳥たちが楽しげに囀っていたのです！　なんとすてきじゃありませんか。これがわたしたちにも言えて、疾風怒濤の時代、「大きな海を越えて」飛ばねばならないとしたら、わたしたちはゾニチュカを背にのせてゆきますよ、そしたら彼女は道中ずっと不安なくわたしたちに歌ってくれるでしょう……

また植物園に行ってみました？　怠けていてはいけませんよ！　あそこにはいつも何かしら見るべきものがあるし——鳥の声に注意していれば——聴くべきものもありますからね。『地獄のオルフェ』が気に入ったとは、うれしいかぎりです。あなたは美しい音楽にそんなに心震わせているのに、自分は音楽的でないなんて、どうしていつもおっしゃるの？　とはいえ美しい音楽をたったひとりで愉しまざるをえないのは辛いですね——少なくともわたしにとってもそうです。トルストイは、このことにわたしの見るところいちばん深い理解を示していて、芸術というのは社交的交流手段、社会的「言語」だと言っています。芸術は精神的に相似た人びとと気持を通じさせあうために存在するのであって、ひとりきりですばらしい音楽の甘美なひびきを聴いたり、心を深く揺さぶる絵を目のまえにしたりすると、孤独がいちばん辛く感じられますね。

最近、雑多な作品を集めた無趣味な詩集に、フーゴー・フォン・ホーフマンスタールの詩を一つみつけました。いつもなら彼の詩はまるっきり好きではないし、わざとらしく、技巧に走りすぎ、不明瞭に思えて、ぜんぜん理解できないのですが、この詩〔「夜明けまえ」〕ばかりはとても気に入って、強い詩的感銘を受けました。それを同封して送りますね、あなたにもたぶん喜んでもらえるでしょうから。

わたしはいま地質学にすっかり凝っています。なにやらとても無味乾燥な学問のようにお思いでしょうが、それは間違いですよ。わたしは熱病じみた興味とそれが満たされる熱い喜びをもって読んでいます。それは精神の地平をぐんと大きく押しひろげて、ほかのどんな個別科学にもできないほど、自然についてじつに統一的で包括的な観念を得させてくれるのです。たくさんそれについてお話ししたいけれど、じかに語りあえるのでなくてはだめですね、午前中にいっしょにズュートエンデの野原をぶらつくときとか、静かな月夜におたがいを何度も家へ送りあうときとか。いまあなたは何をお読みかしら？　『レッシング伝説』はどうでした？　あなたのことを何もかも知りたい！　手紙をください――できれば――いますぐこれと同じ方法で、さもなければせめて正規の方法で、ただしこの手紙のことには触れずに。またここで会えるときまでの週の数を、早くもそっと指折り数えています。年が明けて間もなくかしら、そうでしょう？　いまからもう楽しみでなりません！　ゾニューシャ、クリスマス・プレゼントにおねだりしたいものがあります――あなたの写真。あなたがくださることのできる一番すてきな贈りものですよ。

カールはどんなことを書いてきます？　いつ彼にまたお会いになれる？　くれぐれもよろしくお伝えください。あなたに抱擁と固い握手を、わたしの大好きなゾニチュカ！　手紙をくださいね、すぐに、たくさんに！

あなたのＲＬ

ハンス・ディーフェンバッハ（一八八四年生まれ）は若い医学生で、彼女がまだ自由の身だったころからともに芸術を語りあった親密な友人だったが、戦争で軍医として西部戦線に送られ、この年の一〇月二五日に戦死した。ローザは獄中から彼に真情こもるたくさんの手紙を書いている。彼の死後、ローザが彼の妹グレートルへ書いた手紙の一節――「ハンスはその高貴さ、純粋さと善良さの点で、わたしの知るあらゆる人を凌駕していました。……わたしはいちばん貴重な友を失ったのです、わたしのどんな気分も、どんな感情も理解し、わたしにと同様に彼にとっても生きる喜びであった文学においても音楽と絵画においても、おなじ感受性をもっていた友を。」

ディーフェンバッハの死の知らせが届いたのは、ローザがロシアの一〇月革命の経過を興奮と歓びと不安をもって見守っているさなかだった。一一月一二日には、マルタ・ローゼンバウムに書いている。「この一週間あまり、むろんわたしの考えはすべてペテルブルクへ飛んでいます。毎朝毎晩、待ちきれない思いで新しい新聞を摑むのですが、報道は少なく、混乱しています。」

それと同時に、ロシア革命を挫折させかねないドイツほかの社会民主主義者たちの反応に切歯扼腕している様子は、ルイーゼ・カウツキーへの二四日付の手紙からもうかがえる。「あなたはロシア人たちのことを喜んでいる？ もちろんこんな魔女の安息日のような大騒動のなかでは彼らは持ちこたえられないかもしれない――でもそれは、あなたのお利口なご夫君が統計で証明なさったような、ロシアの経済的発展の後進性のせいではなく、高度に発展した西欧諸国の社会民主党が揃いもそろって惨めな臆病者ばかりで、手をこまぬいて傍観したまま、ロシア人が血を流すにまかせているからです。」

ハンス・ディーフェンバッハ

［ブレスラウ］　一九一七年一一月二四日

わたしのかわいいゾニチュカ、あなたに手紙を出せる機会をまた利用したいと、もともと思っていたところ、そこへ昨日あなたの手紙が届いたものですから、すぐにもあなたとおしゃべりをしなければとペンをとりました。ただし欲しいだけ十分な落ち着いた時間がとれないのが残念ですけれど。

どうか「ヒステリーじみたご婦人がた」なんて言わないでください、わたしの小鳥さん。あなたが不当な悪感情を向けている相手は、最良の女性たちなのですよ。それがあなたにはわからないの？　そのことに気がつかないの？　かわいそうなマルタ〔・ローゼンバウム〕の目を見てごらんなさい、そこには名づけようのない苦悩が、言いようのない不安が滲んでいます――人生の遮断機がもう下りてしまった、ほんとうの人生にはまるっきり触れてもいない、味わってもいないという不安が。ルイーゼ〔・カウツキー〕は――わたしが知り合ったころの彼女はいまとはまったくの別人でした――逞しくて、満足しきっていて、ほとんど無神経なほどで、何につけ堂に入ってました。その後、苦悩を知り、夫とは別の人たちと付き合うようになったことが、彼女を感じやすい、柔らかなひとにしたのです。彼女の目をのぞきこんでごらんなさい。どれほどの驚きと動揺、暗中模索、痛々しい失望がうかがえることか！　そしてそれらはすべて、あなたの訴える悩みと同じものなのですよ……なにもこう言ったからといって、ほかの人も苦しんでいるのだからあなたも自分の苦しみを忘れなさいなどと、くだらない慰めを言っているのじゃありません。どんな人間、どんな生きものにとっても、自分の人生は唯一で一回きりの財産です。小さなハエ一匹だとて、ひとが無造作に叩き潰すたびに、そのハエにとっては全世界が滅びてしまう。その潰れかけた目には、世界の滅亡であらゆる生命が滅びたかのように、すべておしまいだと映るのです。わたしがほかの女性たちのことを言うのは、まさにあなたが自分の苦悩を見くだしたり侮ったりしないでほしいからですよ。あなた自身を誤解しないでほしい、おのが姿を自分の目に歪めて見せたりしないでほしいからです。ああ、わたしはあなたがどんなによくわかることか、あなたにとって美しいメロディーの一つひとつ、花や春の日や月夜の一つひとつが、この世が提供する最高の美への憧憬と誘《いざな》いだということが。そしてあなたが「愛すること」に惚れ込んでいることも、どんなによく理解できることか！　わたしもそうでした（いまでも？……）いつでも愛それ自体が、それを惹きおこした対象よりももっと重要で神聖だったのです。なぜなら愛は、世界を光きらめくおとぎ話として見ることを許してくれるから、人間を誘ってもっとも高貴でもっとも美しいものへ変えてくれるから、ごくごく平凡でつまらないものを高く引き上げてダイアモンドで縁どってくれるから、そして陶酔と恍惚にひたって生きることを可能にしてくれるから…… でもね、ゾニューシャ、あなたはマルタやルイーゼのように人生の終点近くにいるのとはちがう。まだ若くて美しいのだから、ちゃんと生きなくてはいけない。ただこの忌まわしい何年かは耐え抜かなくてはならないけれど、それからは――多くのことがいまとは変わるにちがいない――どっちみち変わりますよ。あなたはまだ自分の人生の勘定を締めてしまってはいけません、そんなのは笑止千万です。わたしはあなたを生きる幸せのあらゆる陶酔にひたらせたい。そしてあなたのそうする権利をしっかり守ってあげます。――

わたしが根っからの現代詩人ぎらいだなんて、あなたの思いちがいですよ。一五年くらいまえには〔リヒャルト・〕デーメルを感激して読みました――なんとかいう散文作品――愛する女性の死の床に侍って――ぼんやりとしか憶えていませんが――これには陶然となりました。アルノ・ホルツの『ファンタズス』連作はいまでも暗唱できます。ヨーハン・シュラーフの「春」（散文詩）は当時のわたしを夢中にさせました。でもその後はそういう詩人たちから離れて、ゲーテとメーリケへ帰っていったのです。ホーフマンスタールは理解できません、正直なところまるでわからない。ゲオルゲは読みません。ほんとうですよ、彼らのものにはおしなべて、形式、つまり詩的表現手段の名人技的で完璧な駆使が見られるのに、偉大で高貴な世界観が欠けているのが、いささか気になるのです。この分裂はわたしの魂にとても空虚な音をひびかせ、おかげでその美しい形式がかえって茶番になってしまう。彼らの詩はたいていすばらしい気分を再現しています。でも人間は気分だけでできているわけじゃありませんからね。

ゾニチュカ、このごろは魔法のかかったような夕べがつづいています、まるで春のような。四時ごろに中庭に出るのですが、日はもう暮れかけていて、醜悪な周囲の建物は秘密めいた夕闇のヴェールに包まれてゆき、そのかわりに空は明るいブルーに光って、銀色の澄んだ月が浮かんでいるのが見えます。この時刻には毎日、中庭の上空を横切って、何百羽ものカラスが緩やかな幅ひろい帯をなして野原のほうへ、彼らの夜の「ねぐらの木」へと飛んでゆく。翼をゆったりと羽ばたいて、特色のある啼き声を交わす――昼間、貪欲に獲物を追っているときの鋭い「クラー」という叫びとはまるっきりちがう。いまの啼き声は抑制されて柔らかにひびく深い後口蓋音で、わたしには小さな金属の玉の鳴る音のように聞こえます。そしてたくさんのカラスが代わるがわるこの「カウ――カウ」を喉から転がすように発していると、まるでみんなで小さな金属玉を投げあって遊んでいて、その玉が空中で弧を描いて飛び交っているかのようなのです。これはまさしく、「この一日の、今日という過ぎた一日の……」〔メーリケ〕体験を、静かにおしゃべりしあっているんですよ。こうして毎夕、自分たちのしきたりを守り、決められた軌道に従って飛んでいる彼らのようすは、とても真剣で重おもしく見えて、わたしはこの大きな鳥たちに畏怖のようなものを感じ、頭を反らして見送ります——最後の一羽まで。そのあと暗いなかを行ったり来たり歩いていると、まだ中庭でせわしく仕事をしている囚人たちが、薄ぼやけた影のように掠めすぎるのが見える、でもうれしいことにわたし自身はひとからは見えない——こんなふうにひとりで、こんなふうに自由に、自分の夢想にひたり、上空を行くカラスたちとひそかな挨拶を交わす——春にも似た優しい風のそよぎが、なんとも心地いい。そのころから囚人たちが重たい鍋（夕食のスープ！）をかかえて獄舎へと中庭を横切ってゆく。行進よろしく二人ひと組になって、十組がつぎつぎと。わたしはそのしんがりにつきます。中庭にある管理用の建物の灯りがぽつぽつと消えてゆき、わたしは獄舎に入る。扉が二度閉じられて、錠がかけられる——一日の終わりです。わたしは、ハンスのことで心が疼くとはいえ、自分がとても元気なのを感じます。夢の世界に生きているのですもの、そこではハンスはけっして死んでいない。わたしにとって彼はいまも生きつづけている。彼のことを考えるとき、わたしは彼にたびたびほほえみかけます。

ゾニチュカ、わたしの秘蔵っ子、ではごきげんよう。あなたの来るのをとても楽しみにしています。近いうちにまた手紙をくださいね——当面は公式に、それでも大丈夫ですよ——そのあとまた好機をつかまえて。

あなたを抱きしめます

あなたのR

［ブレスラウ　一九一七年一二月二四日以前］

ゾニチュカ、わたしの小鳥さん、あなたの手紙がとてもうれしかったので、すぐに返事を書きたかったのですが、ちょうどそのときはごく集中してやらなければならないことがたくさんあって、その贅沢を自分に認めてやるわけにいきませんでした。そこでむしろまたの機会を待とうと思ったのです。非公式にふたりきりでおしゃべりできたほうが、ずっとずっといいですからね。

毎日、ロシアからのニュースを読みながらあなたのことを思い、あなたが無意味な電信記事を読むたびに、根拠もないのにどんなに気を揉んでいることだろうかと、心配しています。いまあそこから来るのはたいていが虚報で、南部からのは二倍もひどい。配信業者がやりたがるのは（ここでもあちらでも同様に）混乱をできるだけ誇張することで、どんなに裏付けのない噂もすべて偏った尾ひれをつけて膨らませてしまう。事態が明らかになるまでは、あてどなく不安の前払いに誘いこまれて気を揉むなんて、無意味だし根拠もありませんよ。全般的にあちらの事態はまったく流血なしに進行しているようですし、いずれにしても「激戦」の噂はすべて事実確認されていないままです。たんに激しい党派闘争がおこなわれているだけなのに、ブルジョワ新聞の通信員たちが描くと、野放しの狂気と地獄のように見えてしまう。ユダヤ人にたいするポグロムについて言えば、その手の噂はすべて真っ赤な嘘です。ロシアではポグロムの時代は完全に終わったのです。そんなことを起こすには、労働者と社会主義の権力があそこでは強すぎますからね。革命が大気中の瘴気も反動の毒ガスも一掃してしまいましたから、キシニョフはもう永遠に過去のことになったのです。わたしにはむしろ――ドイツではポグロムがまだありうるように思えます……いずれにしてもそれを惹き起こしやすい下劣さ、卑怯、反動性、愚昧さの雰囲気が支配的ですからね。だからこの点では、南部ロシアについては心配いりません。あそこの事態はペテルブルク政府とラーダ〔一九一七年四月にウクライナの独立と自治を求めて設立された中央評議会〕の間のひじょうに険悪な対立にまで尖鋭化していますから、その解決も早急に計られざるをえないでしょうし、そうなれば状況全体の見通しもつくでしょう。あらゆる観点から見て、あなたが不確実な情報に振り回されて不安と心配で消耗してしまうなんて、完全に無意味、なんの役にも立ちません。気をしっかりもって、頭をあげ、動揺せず、冷静でいてください。すべてはよい方向へ向かってゆくでしょう、いつもすぐ最悪のことを予想するのだけはおやめなさい！……

もうすぐ、一月にここであなたに会えると信じて期待しています。ところがマティールデ・W〔ヴルム〕が一月に面会に来たいとのこと。あなたに会うのを諦めるなんてできそうもないけれど、これはもちろん、わたしの意のままにできることじゃありません。あなたが一月でなければだめだと言ってくだされば、たぶん認めてもらえるでしょう。マティールデ・Wのほうは二月に来てもらえるかもしれない。いずれにしても、いつあなたに会えるかを知らせてください。

カールがルッカウに入獄してからこれで一年になりますね。今月に入ってからはよくそのことを考えます。ちょうど一年まえ、あなたはヴロンケにわたしを訪ねてきて、きれいなクリスマス・ツリーを贈ってくださった。……今年はここで人に頼んで手に入れたのですが、届いたのは枝の少ないじつに貧相なしろもの――去年のとは較べものになりません。これでは買っておいた八本の小さなろうそくをどうやって飾り付けたらいいか。今回はわたしが監獄で迎える三度目のクリスマス、でもそれを悲劇的にとらないでくださいね。わたしはいつもと変わらず、いたって平静で朗らかですから。

昨日は長いこと目を覚ましたままベッドに横になっていました――いまでは一時まえにはどうしても寝つかれないのですが、十時にはもう就寝と決められているので、闇のなかでさまざまな夢想にふけります。昨夜はこんなことを考えました。わたしが——特別な理由もないのに——いつも歓ばしい陶酔のうちに生きているのは、なんと奇妙なことだろう。たとえばこの暗い監房で石のように固いマットレスに横たわり、周囲は教会墓地なみの静けさに満たされていて、自分も墓のなかにいるような気がしてくる。窓からは、獄舎のまえに夜どおし灯る街灯が毛布の上に反射光を落としている。ときおり聞こえてくるのは、遠くを通りすぎてゆく鉄道列車のごく鈍いひびき、あるいはすぐ近く、窓の下で歩哨が咳払いし、こわばった脚をほぐすために何歩かゆっくりと重い長靴で歩く音だけ。踏まれた砂が絶望のきしみ声をあげ、その音は出口なき囚われの身の全寂寥感をひびかせて、湿った暗い夜へと吸い込まれていく。そこにわたしはひとり静かに、闇、退屈、冬の不自由さというこの幾重もの黒い布にぐるぐる巻きにされて横たわっている——それなのにわたしの心臓は、燦々たる陽光をあびて花咲く野辺を行くときのように、とらえがたい未知の内なる歓喜に高鳴っている。そしてわたしは人生に向かってほほえむ。まるでなにか魔法の秘技を心得ていて、悪いことと悲しいことはぜんぶ嘘だと罰して、純粋な明るさと幸福に変えてしまえるかのように。そうしながらも自分でこの歓びの原因を探ってはみるけれど、何ひとつみつからず、またしても——われとわが身が可笑しくて——ほほえんでしまう。わたしの思うに、魔法の秘技とは生きることそれ自体にほかなりません。深い夜の闇も、しっかり眺めさえすれば、びろうどのように美しくて柔らかです。歩哨のゆっくりとした重い歩みにきしむ湿った砂の音も、正しく聴きさえすれば、やはりささやかな美しい生命の歌なのです。そのような瞬間に、わたしはあなたを思い、この魔法の鍵をわけてあげたくてたまらなくなります。それがあれば、あなたはどんな境遇にあっても、いつも人生の美しいところ、歓ばしいところに気づくでしょうし、彩り豊かな草原を行くように陶然として生きることでしょう。なにも禁欲主義だの空想上だけの歓びを説いて、あなたをたぶらかそうというのじゃありませんよ。わたしが五感でほんとうに感じとっている歓びのすべてを、あなたに伝えているのです。それに加えて、わたしの内面の涸れることのない明るさをわけてあげたい。そうすれば、あなたは星をちりばめたマントに身を包んで人生を歩んでゆく、そのマントがあなたをあらゆる卑小なこと、些細なこと、不安にさせることから守ってくれると思えて、わたしは安心していられます。

あなたはシュテークリッツ公園で、黒と赤紫の実をつけた枝を摘んで美しい花束をこしらえたのね。黒い実をつける木といえば、考えられるのは〔セイヨウ〕ニワトコか、イボタノキ。ニワトコなら、黒い実をびっしりつけた重たい房を、大きな扇形の羽状複葉のあいだに垂らしていますが、これはきっとご存知ですね。イボタノキの可能性のほうが大きそうですが、こっちだと、実は上向きのほっそりした、かわいらしい円錐花序、葉は小さくて細長く、緑色。赤紫の実が小さな葉の下に隠れるようについているのは、〔セイヨウ〕カリンかもしれません。この木の実は本来赤いのですが、いまのような遅い時季になると少し熟れすぎて痛みかけていますから、赤紫に見えることが多いのです。葉はギンバイカに似て小さく、先端が尖っていて、表は濃緑色で革のようになめらか、裏はざらついています。

ゾニューシャ、プラーテンの『不吉なフォーク』をご存知？　送ってくださるか、もってきてくださるか、お願いできませんか。いつかカールが家で読んだと言っていました。ゲオルゲの詩は美しいですね。これでわかりましたよ、野原を散歩するときあなたがいつも口ずさんでいたあの句、「そして赤味がかった穀物のざわめきのもと！……」の出所が〔『七つ目の輪』中の無題の詩〕。おついでの折りに「新しいアマディス」〔ゲーテ〕を書き写してくださいませんか。この詩が大好きなのです、もちろんフーゴー・ヴォルフの歌曲のおかげですけれど、ここにはもっていないので。『レッシング伝説』を読みすすんでいます？　わたしはいままたランゲの『唯物論の歴史』に取りかかりました、この本はいつもわたしを刺激して元気にしてくれます。あなたもいつかぜひ読んでくださいね。

ああ、ゾニチュカ、ここで胸を刺すような痛ましい光景にでくわしました。わたしがいつも散歩する中庭には、軍の馬車が背嚢だの、軍服やシャツのしばしば血痕のついている古着だのを山ほど積んでやってきます……荷はここで下ろされて、監房に配られ、繕われて、また車に積んで軍へ届けられるのです。このあいだもそういう車が来ましたが、牽いているのは馬ではなく野牛。この動物を近くで見るのははじめてでした。この国の牛よりも力強くて胸幅も広く、頭頂は平らで、角は扁平で湾曲している、つまり頭部はわたしたちの羊にむしろ似ています。大きくて柔和な目をしていて、毛は真っ黒。これらの野牛はルーマニア産で、戦利品なのです……車を馭してきた兵士の話では、この野獣を捕まえるのはなかなか骨が折れるけれど、自由な暮らしに慣れていた彼らに荷車を牽かせるのはもっとたいへんだとのこと。むごたらしく鞭打たれて、あの言葉、“vae victis”〔哀れなるかな、敗れし者〕そのままです……ブレスラウだけでもこの動物は百頭もいるそうで、おまけに、ルーマニアの牧草ゆたかな草原に慣れ親しんでいた彼らが、ここでは粗末な乏しい餌しかもらえない。そしてあらゆる種類の荷車を牽くのに情け容赦もなくこき使われて、つぎつぎと早死してしまう。——数日まえ、そういう荷車が背嚢を積んでやってきたのですが、荷があまりにも山積みになっていたので、野牛たちは門の閾をどうしても越えられない。ついてきた兵士が、これまたとても残酷な男で、鞭の柄の太い先端で野牛を打ちはじめました。見かねた女監督官が憤然として、動物たちをかわいそうに思わないのかと声をかけると、男は意地悪くにやりとして、「おれたち人間さまにだって、かわいそうだなんてだれも同情してくれないぜ！」と答えるなり、いっそう力をこめて鞭を振るうのです……野牛たちはやっと動きだして関門を越えたのですが、そのうちの一頭は血を流していました……ゾニチュカ、野牛の皮膚が厚くて丈夫なことは諺に言われるほどなのに、それが破れたのです。彼らは荷下ろしのあいだ疲れきって立ったまま動かず、血を流しているその一頭は目のまえをじっと見ていましたが、その黒い顔と柔和な黒い目には、泣き濡れた子どものような表情が浮かんでいました。それはまさしく、ひどく折檻された子どもの表情でした、なんのための折檻か、なぜ折檻されるのかわからない、どうすればこの苦痛と粗野な暴力を免れられるかもわからないでいる子どもの……　わたしはそのまえに立ち、そして野牛はわたしに目をむけ、わたしの頬を涙がはふり落ちました。それはその野牛の涙でした。たとえ最愛の兄弟のためであっても、この物言わぬ動物の苦しみをまえにして自分の無力に打ちのめされていたこのときのわたしほど胸の疼くことは、だれにもありますまい。ルーマニアの美しくて広々とした柔らかな緑の野は、なんと遠く、なんと手の届かないところにいってしまったことか！　あそこでは太陽のかがやきも、風のそよぎも、どんなにことちがっていたことか、聞こえてくる鳥たちの美しい声も、羊飼いの節《ふし》をつけた呼び声も。そしてここでは――この異国のおそろしい町、腐った藁の混じる饐《す》えた臭いの乾し草、見知らぬおそろしい人間たち、そして鞭打ち、生々しい傷口から流れる血……　ああ、わたしのかわいそうな野牛、わたしの愛するかわいそうな兄弟、わたしたちはともに、これほどなすすべもなく茫然とここに立っている。ただ苦痛と無力さと渇仰においてだけ、わたしたちは一つなのです。――そのあいだにも囚人たちは車のまわりにひしめいて、重い袋を積みおろし、建物へと引きずっていきましたが、あの兵士は両手をポケットに突っこんで中庭を大股で歩きまわりながら、にやにやしたり、口笛で流行歌を低く吹いたりしていました。こうして栄光ある戦争なるものの全体像がわたしの目のまえを通りすぎていったのです。

早くお便りをくださいね。

あなたを抱きしめます、ゾニチュカ

あなたのR

ゾニューシャ、最愛のひと、いろいろ辛いことがあっても、どうか平静で明るい気持でいてくださいね。人生とはそういうもの、あるがままに受けとめなければなりません、なにがあろうと毅然として、ひるむことなく、ほほえみをもって。

クリスマスおめでとう！……

R

ゾフィーは革命の動乱のさなかロシア南部のロストフ・ナ・ドヌに暮らす母親の身を案じていたし、ローザと同様にユダヤ人であるため、ロシアの反ユダヤ主義の動きにはとくに神経を尖らせていた。帝政期ロシアではとりわけ一九世紀末葉以来、すさまじいポグロムの波が各地を襲い、一九〇三年には、当時のロシア帝国におけるユダヤ人の中心地だったキシニョフ（現在のモルドヴァ共和国の首都キシナウ）が標的となって、そこのユダヤ人コミュニティは壊滅した。

［ブレスラウ］　一九一八年一月一四日

最愛のゾニチュカ、長いあいだご無沙汰してしまって！　何か月もたったように思えます。あなたがベルリンにもう戻っているのかさえ、いまでも知らないままですが、この手紙がお誕生日に間に合うように届くのを期待して書いています。あなたにランの花束を送るようマティールデ・J〔ヤーコプ〕に頼んだのですが、かわいそうに彼女は入院してしまって頼みを果たせそうもありません。でもご存知ですね、わたしがいつもあなたのことを考え、心のなかであなたとともにいて、お誕生日には花で埋めつくしてしまいたいほどだということを――薄紫のラン、白いアイリス、つよく匂い立つヒヤシンス、そう、手に入るありとあらゆる花で。せめて来年のこの日には、わたしが自分で花をもっていけるかもしれない、そしていっしょに植物園や野原を散歩できるでしょうね。そうであれば、どんなにすてきでしょう！　今日のここの気温は〇度。それなのに空気はとても柔らかで、みずみずしい春の息吹が感じられ、見上げれば厚い乳白色の雲のあいだに紺碧の空がきらめいて、おまけにスズメたちがそれこそ楽しげに囀っているので、もう三月の末かと思ってしまうほどです。いまからもう春が楽しみでなりません。春こそは唯一、生きているかぎりいくら味わっても飽きるどころか、来る年ごとにいっそうその値打ちを理解して愛するようになる季節ですね。ご存知でしょう、ゾニチュカ、生物界での春の始まり、つまり生への目覚めは、暦の上での春を待たずに、いま、一月初旬に始まります。つまり暦では冬が始まったばかりで、わたしたちと太陽との天文学的距離は最大となる時季ですが、これがあらゆる生命にじつに不思議な作用をおよぼして、冬の雪に包まれたわたしたちの北半球でも、一月はじめには、さながら魔法の杖の一振りで植物界も動物界も目覚めるのです。木々はいま芽ぶきはじめ、多くの動物がもう繁殖にとりかかる。最近、〔ラウール・ハインリッヒ・〕フランセの著書を読んだのですが、彼の観察によると、有名な人びとのもっとも卓越した学術や文学の作品は一月から二月に生まれているとのこと。人間の生命でも、クリスマス後《ママ》の冬至が一つの分かれ目となる決定的時点で、あらゆる生命力の新たな流入をうながすのだそうです。してみると、ゾニチュカ、あなたもやはり一輪の早咲きの花ですね、まだ雪と氷のさなかに蕾を出し、そのために生涯ずっとちょっぴり凍えていて、人生にしっくりなじめないと感じ、温室でのやさしい世話を必要としているのです。

クリスマスに贈ってくださったあなたのロダン〔おそらく『フランスの大聖堂』〕、それはそれはうれしくて、あなたがフランクフルトにいるとマティールデから聞かなかったなら、すぐにお礼を言ったでしょうに。とくに快い感動をそそったのは、ロダンの自然にたいする感受性、野原の草一つひとつにたいする畏敬の念です。きっとすばらしい人間だったのでしょうね、開けっぴろげで、自然で、内面の温かさと知性が溢れだしているひと。断然ジョレスを思い起こさせますね。わたしの差し上げた〔ピエール・〕ブロートコーレンス〔『赤いフラマンの血』〕は気に入りました？　それともすでに読んでご存知でした？　わたしはこの小説にとても引きこまれました、とりわけ風景描写に最高の詩的な力がうかがえます。明らかにブロートコーレンスにとって、ド・コステルにとってとまったく同様に、「フランドルの土地」では太陽はほかのどこよりもはるかに壮麗に昇り沈みするようですね。思うにフラマン人はみな、自分たちの土地に文字通り惚れこんでいて、そこを一片の美しい土地としてではなく、輝くばかりの若い花嫁のように描きます。そして暗い悲劇的な結末にも、『ティル・ウーレンシュピーゲル』の中の壮大な場面との色彩の類似が見られます――たとえば公館の取り壊しの場面。あなたも、これらの本は色調の点で完全にレンブラントを想起させると思いませんか？　絵全体の暗さ、そこに混じるきらきらした古金色調、あらゆる細部のおどろくほどのリアリズム、それでいて全体がおとぎ話めいた幻想領域へと誘い込みます。

稀代のいたずら者の遍歴職人ティル・オイレンシュピーゲルの一代記は、一六世紀初頭に民衆本として出版されて世にもてはやされ、オランダの画家・版画家、ルーカス・ファン・レイデン（一四八九―一五三三）がティルを題材に銅版画を制作している。ルーカスは自分の銅版画を本にして出版してもいるので、ローザはそういう版画集のことを言っているのかもしれない。数行まえに彼女が言及しているシャルル・ド・コステル（一八二七―七九）は、フランドル国民文学の創出を意図して歴史小説ふうの冒険小説『ティル・ウーレンシュピーゲル伝説』（一八六七）を版画の挿絵入りで出しているが、その物語にはローザの言う場面は出てこない。

『ベルリン日報』で読みましたが、フリードリヒ美術館に新しくティツィアーノの大作が展示されているのですね。もう観に行きました？　正直なところ、ティツィアーノは元来わたしの好みじゃありません、一分のすきもなく、冷ややかで、名人芸でありすぎて。ごめんなさい、これでは巨匠にたいする名誉毀損になるかもしれませんね、でもわたしは、直接感じたとおりに言うことしかできないのです。それでも、いまその新来の客人を観にフリードリヒ美術館へ行けたら、うれしいでしょうにね。みんなが大騒ぎしていた〔アンゲーリカ・〕カウフマンの遺作も、ご覧になりました？

わたしの読み物は目下、さまざまな古いシェイクスピア研究、ドイツでまだなおシェイクスピア問題について盛んに議論されていた六〇年代と七〇年代のものです。わたしのために王立図書館か帝国議会図書館から次に挙げる書物を借り出していただけませんか。クラインの『イタリア演劇史』、シャックの『スペイン劇文学の歴史』、ゲルヴィーヌスとウルリーツィのシェイクスピア論。あなた自身はシェイクスピアをどうお思いかしら？　はやくお手紙をくださいね！

あなたに抱擁とあたたかな握手を。なにがあろうと、平静に、明るく！　最愛のゾニチュカ、また会えるときまで！

あなたのＲＬ

いつ来てくださる⁉

ゾニューシャ、ひとつお願いがあります。マティールデ・Ｊにわたしからのお見舞いとして五マルク分のヒヤシンスを送ってあげてくださいませんか。代金はこちらにいらしたときにお支払いします。

［ブレスラウ］　一九一八年二月五日

最愛のゾニチュカ、近いうちに来てくださるとのこと、うれしくてなりません。それを当てにして、手紙を書くのをためらっていました。というのも、いまは文字で書いた言葉では満足できないのです、会って話すのとはまるっきりちがいますからね……二通のお手紙、ありがとうございました、それに〔ヘルマン・〕ウルリーツィ〔『シェイクスピアの劇芸術』〕も。すぐさま飛びつくようにして読みはじめました、たいへん充足感があります。彼の文章はとても機知に富み、刺激を与えてくれる。ちゃんと期限内に読みおえるでしょうから、あなたに持って帰っていただけるかもしれません。そういうわけで、ほかの本がすぐにいっしょに来ないでよかったと喜んでいます。――ブロートコーレンスはマティールデ〔・ヤーコプ〕がきっともうあなたにお渡ししたでしょうね。その本についてあなたの印象と判断を聞けたらと、とても興味をそそられます。――こちらはいま、とてもすばらしい春のさきぶれの日々！　今日、中庭を散歩をしているとき、エナガが塀の上をさっとかすめて飛んでいくのを見ました。あなたはたぶん、このすてきな鳥をほとんど知らないでしょうね、こちらにいらしたとき、図鑑で教えてあげましょう。あと一つ、こちらにいつ着くのか、お知らせを待っています。では再会を楽しみに、ゾニチュカ！　あなたを抱きしめます。

あなたのローザ

この手紙のあと、二月一四日にゾフィー・リープクネヒトがブレスラウにローザを二度目に訪ねたときの報告によると、二人はまったく同じ目立たない黒い手提げを持っていて、ひそかに交換するつもりだったがうまくいかなかった。翌日、こんどは抱擁の瞬間に首尾よく取り換えっこできたものの、面会が終わったとき監視の将校が言った。「あなたがたは手提げを交換しましたね。私は見ましたよ、抗弁なさってはいけません。でも今回だけは見逃しましょう、私はルクセンブルク女史を尊敬していますから」。ゾフィーは黙ってローザの手を握りしめると、外へ出た。すると将校があとを追ってきて、心配しないでいい、上司にはこの件を報告しないでおくから、と言ったという。

このように面会は秘密文書のやりとりの貴重な機会でもあって、面会者は「カムフラージュした菓子、植木鉢、二重にカバーをかけた本」などに隠した文書を渡し、そしてローザの書いたものを監獄からもちだしたのだった。ゾフィーは再会を喜ぶ一方で、監視付きの面会ではろくに話もできず、しかも極度の緊張で上の空だったと述べている。

［ブレスラウ］　一九一八年三月二四日

大好きなゾニチュカ、なんと長いこと手紙を書かず、そしてその間、どんなにしばしばあなたに思いを馳せたことでしょう！　いまの「時代の動き」は手紙を書こうという気持さえ、しばしのあいだ奪ってしまいます……いまいっしょにいられて、野原を散歩でもしながら、あらゆることをおしゃべりできたらいいのにと思いますが、そんな見込みは当面まったくありません。わたしの苦情申し立ては、体調が悪く回復の見込みがないことを訴えた詳しい報告ともども却下され、せめて短期の賜暇を認めよという申し入れも同様です。だから待つしかないでしょうね、わたしたちが全世界に打ち勝つまで。

ゾニューシャ、長いことあなたから音沙汰がないと、あなたが孤独で、不安をかかえ、不機嫌になって、木から吹き落とされた葉っぱのように絶望して風に翻弄されているのではないかと感じて、胸が痛みます……ごらんなさい、また春が来ていますよ。日々はもうこんなに明るく、長くなって、野にはきっとたくさんの見るもの聴くものがある！　せっせと外へお出かけなさい、いまごろの空はとてもおもしろいですよ、落ち着きなく疾走する雲たちのせいで、さまざまな変化を見せてくれますし、まだ裸の畑の土がこの変化に富む光に照らされるさまは、美しいにちがいありません。わたしの代わりにそれらすべてをたっぷり見てくださいね。それこそが唯一、人生でいくら手に入れても入れすぎることのないもの、いつもおなじ新鮮さの魅力をたたえて、つねに変わらず忠実でありつづけるものなのです。それに植物園にもぜひとも行って、なにか気がついたことをわたしに詳しく報告してくれなくてはいけませんよ。というのも、今年の春はどうも妙なことが起きているからです。鳥たちがみな例年よりひと月ないし半月も早くやってきている。ナイティンゲールは三月一〇日にはもうここにいたし、四月末にやっと来るはずのアリスイが一五日にはもう笑い声をあげていました。ニシコウライウグイスは「聖霊降臨祭の鳥」と呼ばれて、五月まえにはけっして来ない鳥なのに、ここではもう一週間もまえから日の出まえの薄明のころに囀っています！　鳥たちの声はみな、遠くの精神病院構内の緑地から聞こえてきます。鳥たちのこの早まった帰郷をどう解釈したらいいかまったくわからなくて、よそでも同じことが観察されているのか、あるいはたんにここの精神病院のせいなのか、知りたいのです。だから植物園へ行ってくださいね、ゾニチュカ、ただしお天気のいい日の真昼に、そしてわたしに報告できるように、よく聴き耳を立てて。このことはわたしにとって、カンブレーの戦い〔西部戦線での山場の一つとなった戦闘〕の結果と並んで、地上最大の重要事、ほんとうに気になる関心事ですよ。

あなたが送ってくださった絵のすてきなこと！　レンブラントについては言うまでもありません。ティツィアーノでは、騎手よりも馬のほうにずっと圧倒されました。一匹の動物に真に王者らしい権力と高貴さがこれほど存分に表現されうるとは、思ってもみませんでした。しかしなんといっても一番美しいのは、ヴェネツィアのバルトロメオの描いた婦人像ですね（ついでながら、この画家をわたしはまったく知りませんでした）。なんと惚れぼれとする色彩、線描のなんという繊細さ、表情のなんと謎めいた魅力！　どことも特定しがたいのですがモナ・リザを思い起こさせます。これらの絵でもって、あなたは獄房にたっぷりとした歓びと光をもたらしてくれましたよ。

ヘンスヒェン〔ハンス・ディーフェンバッハ〕の本はもちろんあなたがもっていてください。彼の本が全部はわたしたちの手もとに来ないと思うと、胸が痛みます。ほかのだれよりもあなたに渡したかったのに。シェイクスピアは当面いくつか手に入りました？　カールはどんなことを書いてよこしますか？　こんどの面会はいつ？　彼にくれぐれもよろしく、わたしからの言葉を彼に伝えてくださいね、〈サ・イラ――なにがあろうと〉。そしてあなたは生きいきと朗らかに、春を満喫するんですよ、来年の春はいっしょに愉しめることでしょう。あなたを抱きしめます、最愛のひと。復活祭おめでとう！　お子さんたちにもよろしく！

あなたのＲＬ

ローザの励ましの言葉〈サ・イラ〉は、フランスで民衆が一七九〇年ごろから熱狂して歌った“Ah! ça ira”という革命賛歌から来ている。〈よし、うまくいくとも〉というほどの意味で、これがリフレインとして歌詞のあいだで繰りかえされる。しだいにさまざまなヴァージョンが創られ、サン・キュロットたちの歌では〈貴族や聖職者を吊せ〉と過激化していったが、その後もこの合い言葉〈サ・イラ〉は革命と希望のシンボルとしてしばしば使われつづけている。

151　1918年3月24日

［ブレスラウ　一九一八年五月二日］

ゾニチュカ、『カンディード』〔ヴォルテール〕とウールフェルト伯爵夫人の本を、両方ともとてもおもしろく読みました。『カンディード』はとてもすばらしい装丁版なのでページを切り開いてしまう気になれず、そのままで読んだのですが、二つ折り版なのでとてもうまくいきましたよ。人間のありったけの悲惨を意地悪く並べたてたこの本は、戦前に読んだなら戯画のような印象を受けたでしょうが、いまは完全に現実を写していると感じます……最後のところを読んでとうとうわかりましたよ、あの成句、「しかしわれわれの畑は耕さなくてはいけない」の出典はここだったのですね、わたしはこの句を自分でもときどき使っていたのに。ウールフェルト伯爵夫人のは興味ぶかい修養の記録ですね〔幽閉二〇年間の回想記〕、グリンメルスハウゼン〔『阿呆物語』〕の補巻といえます。――あなたはなにをしておいでかしら。すばらしい春を愉しんではいないの?!

いつもあなたの

R

［ブレスラウ］　一九一八年五月一二日

ゾニチュカ、あなたの手紙がとてもうれしくて、すぐに返事を書きたくなりました。わかったでしょ、植物園を訪ねるとどんなに喜びと感激を味わえるかが！　どうしてもっとたびたびそれを愉しもうとしないの!?　そしてすぐ、そのときの印象をこんなふうに温かく彩りゆたかに描写してくださると、わたしもお裾分けにあずかれます、ほんとうですよ！　そう、花どきのドイツトウヒのあのルビーのように赤い見事な猫のしっぽ〔尾状花序〕なら知ってますよ。満開のときは――ほかの花でもたいていそうですけれど――びっくりするほど美しくて、見るたびに自分の目が信じられないくらい。この赤い猫のしっぽは雌花で、やがて大きな重いマツカサになって向きを変えて垂れさがり、その脇についている薄黄色の目立たない雄花が金色の花粉を撒き散らします。――「ペットリア」というのは知りません、あなたはアカシアの一種だと書いていますね。いわゆる「アカシア」に似た羽状複葉と蝶形花冠だからそう思ったのかしら？　ご存知でしょうが、この国で一般にその名で呼ばれている木は、まるっきりアカシア属ではなくて、「ロビーニア」〔ニセアカシア〕です。ほんとうのアカシア属は、たとえばミモザ。これの花は硫《い》黄《おう》色で、陶然とするほどの香りを放ちますが、熱帯性植物ですからベルリンの野外で育つとはとても思えません。わたしはコルシカのアジャッチオで一二月に、町の広場で見事に咲いているミモザを見ました、巨木でしたよ……。ここでは情けないことに、木々の緑を観察しようにも窓から遠くに目を凝らすしかありません。塀のむこうに梢の先端が見えるのです。たいてい樹形や色合いから木の種類の見当をつけようとしていますが、おおかたは当たります。最近ここで、だれかが拾った一本の折れ枝が獄舎にもちこまれて、その風変わりな外観のせいでみんなの興奮を呼びました。これはなんだろうと、だれもが首をかしげたのです。ニレ Rüster（別名は Ulme）でしたよ。憶えておいでかしら、わたしのズュートエンデの街路であなたにニレの木を教えてあげたでしょう、薄バラ色がかった緑色の実を抱いたいい香りのする翼果を、びっしりとつけていましたね。やはり五月でしたよ、そしてあなたはそのえもいえぬ眺めにすっかり心奪われていましたっけ。ここの人たちはニレの立ち並ぶ街路に何十年も住んでいながら、花盛りのニレがどんなふうか、いまだに「気がついて」もいない……総じて同じ鈍感さが動物にたいしても見られます。町の住人のほとんどは、要するにほんとに粗野な野蛮人です。

わたしの場合はこれとは逆に、有機的自然との内面的な癒合が——人間への共感にもかかわらず——ほとんど病的なかたちにまでなっています。おそらくわたしの神経の状態と関係があるのでしょう。ここの窓の下のほうでカンムリヒバリの番《つが》いが雛を一羽孵《かえ》しました——ほかの三つの卵は駄目になってしまったようです。そしてこの一羽は、もうとてもうまく走れる——あなたも目にしたことがあるかもしれませんが、カンムリヒバリの走り方はとても滑稽で、スズメが小さな両脚でぴょんぴょん跳ぶときのように、すばしっこく小股でちょこまかと動きます。もう飛ぶこともできますが、昆虫やイモムシなど、餌を自分で十分見つけるのはまだ無理なようす——とりわけこのところ寒い日がつづいていますから。そこでこの子は毎夕、下の中庭のわたしの窓のまえに現れては、けたたましくピーピーと哀れな泣き声をあげる。すると両親がすぐさま現れて、心配そうな低めの声で「ヒュイット、ヒュイット」と答えるなり、急いであたりを飛びまわって、なにか食べものはないかと夕闇と寒さのなかで必死で探し、やがて泣きべそっ子のところに戻ってきて、見つけた餌を嘴のなかに入れてやる。これが毎晩八時半ごろまで繰りかえされるのです。この鋭いピーピー声が窓の下で始まって、小柄な親鳥の不安と心配を見ると、わたしは文字どおり心臓が締めつけられてしまいます。それでもわたしはなにもしてやれない、なにしろカンムリヒバリはとても臆病で、パンを投げてやってもぱっと逃げてしまう。その点ではハトやスズメとは大ちがい、この連中はいまでは犬みたいにわたしのあとをついてまわりますからね。わたしは自分に空しく言い聞かせます、そんなことを気に病むなんて笑止千万、わたしは世の中の飢えたカンムリヒバリすべてに責任があるわけじゃないし、ここの中庭に毎日荷を運んでくる野牛のように、殴られてばかりいるすべての野牛のために泣くことだってできはしない、と。そう言ってみてもまるで効き目はなく、わたしはそういう場面を見聞きすると文字どおり病気になってしまう。そしてホシムクドリが、いつもはうんざりするほど日がな一日どこか近くで興奮したおしゃべりを繰りかえしているのに、ふっと黙りこんでしまったまま何日かが過ぎると、なにか悪いことが起きたのではないかと、これまた心配になり、またくだらぬおしゃべりが始まって無事だとわかるまで気を揉みながら待つのです。こうしてわたしは獄房から四方八方へ延びるかすかな糸でもって、大小無数の生き物とじかに結ばれ、あらゆることに不安と苦痛と自責でもって反応する……あなたもやはり、わたしが遠くからその身を案じて心おののかせているこれらの鳥や動物たちすべての同類なのですよ。わたしはあなたがどんなに苦しんでいるかを感じています、「生きている」とは言えないままに年月が取り返しようもなく過ぎ去ってゆくのは、どんなに辛いかと。でも忍耐と勇気を！わたしたちはまだまだ生きて、大いなることを体験するでしょう。いまはまず、どういうふうに旧世界全体が没落していくのかを見ていましょう、毎日ひとかけら崩れ、新たな地滑りがおこり、また新たな大崩壊が来る……そして滑稽ですね、たいていの人はまるでそれに気づかず、堅固な地盤のうえを歩んでいると信じている……

ゾニチュカ、ひょっとしたら『ジル・ブラース』と『びっこの悪魔』をおもちかしら、それとも手に入れられます？　わたしはルサージュには馴染みがなくて、まえまえから読みたいと思っていたのです。あなたは読んだことがおあり？　最悪の場合にはレクラム版のを買いましょう。

心からの抱擁を
あなたのＲＬ

もしかするとプフェムフェルトがステイン・ストルーヴェルスの『亜麻畑』をもっていますよ。これまたフラマン人で、この本はインゼル書店刊、とても好評のようです。

カールのようすを早く手紙で知らせてくださいね！

［ブレスラウ］　一九一八年五月二四日

親愛なゾニチュカ、あなたのくださった聖霊降臨祭のすてきな贈りもの、とても大きな喜びでした！　もちろんすぐに飛びつきましたよ、いままさに読んでいる最中です。グリンメルスハウゼンの『ジンプリチシムス』〔阿呆物語〕と、それと同時に『カンディード』とも、大いに似たところがありますね。でもわたしをいちばん驚かせたのはジグーのすばらしい挿絵で、ドーミエその人を想い起こさせる！　ジグーのほうが先輩でしたけれどね。確かにおおかたの有名芸術家の場合――文学でもそうですが――、彼らの時代にはいろいろな人によって表現され散在していたものが、後世にはただ一人の名前に集約されてしまうことがあるのですね。おそらくシェイクスピアの場合もそうだっただろうと思います。――またあなたのお便りを期待しています、なにをしているか、どんな気分か、子どもたちの休暇中の計画はどうなったか、聞きたくてたまりません。それにあなたの旅行計画のことも。どこか美しい地方へ行くことがあなたにはとても必要ですよ！　心をこめて抱擁を、そしていまいちど『ジル・ブラース』のお礼を。

お子さんたちによろしく！

あなたのＲＬ

ブレスラウ　一九一八年七月一九日

ゾニチュカ、かわいいお嬢ちゃん、あなたの久しいご無沙汰にわたしが腹を立てているのではないかなどと、どうして思ったりするのかしら！　わたしはその間もたっぷりとあなたに想いを馳せて、あなたがあれやこれやの体験をどう乗り切っているかといつも胸に問うては、不安を感じていました。いまは悪しき混乱した時代——それでも、なにがあろうと、ひたすら頭を高く持して、美しい空の雲一つひとつ、野辺に咲く花一つひとつに、喜びを見いださなくてはいけませんよ。

わたしのメディ〔マルタ・ウルバン〕をあんなにすてきに迎え入れてくださって、ほんとうにありがとう。あなたたち二人はよく気が合うだろうと、わたしにはわかっていました。さてこんどは、強情っ張りで子どもじみた頭《おつむ》をこっぴどく叱る番です。なぜどこか田舎へ行かないんです？　いまは家でしずかに過ごせて気分がいいとしても、やっぱりそれは正解じゃありません。あなたに必要なのは、環境を変えて、美しい自然のなかで、ほかの人の行き届いた世話を受けること。お願いだから、分別をおもちなさい！　あなたの神経は、いま粗略な扱いをされたら、秋と冬にしっぺ返しをしますよ。本気でぜひにとお願いしているんです、夏を無駄にしないで、分別ある決心をなさい。メディといっしょに何週間かケルンテン〔オーストリア南部〕へお行きなさい。子どもたちが家に戻ってきたら、きっとまたあなたの義理のお母さんが面倒を見てくださるでしょう。もしもわたしが動けるものなら、きっとメディといっしょにあそこへ行くでしょうよ。人知れぬ独特な自然に囲まれたあの小さな村里は、それほどわたしを誘ってやみません。山の麓、そして河のほとりにあるのです（河の名はもう忘れましたが）。

お母さんのところへ行ける見込みは？　ドイツ外務省とベルリンのウクライナ代表部に問い合わせなさいな！　あるいはそのほうが賢明だと思いますが、お母さんのほうがベルリンへ来る許可が得られないか——いずれにしろ訊いて損にはなりませんよ。

今日はまた、それこそ見事な雷雨がありました。鉄格子ごしに眺めていると、頭に浮かんできたのはメーリケです。

わたしの巻き毛をひっかきまわしてくれ、風よ！
おまえの顔を、親切な空よ、

これらの雲の不穏な灰色で隠してしまえ！
おまえの大きな雨粒をもっとびっしりと
これらの草々に、これらの木々に
水嵩《かさ》のふくれゆくこの川に降り注げ！
ああ、鈍くとどろくすばらしい雷よ！
おまえはなんと元気づけてくれることか、
大きな雨粒をもっとびっしり降り注げ！
丸天井を貫いて雷鳴をもっと轟かせてくれ、
わたしが不快な、倦み疲れた死から
奮い立てるように！
ただただ、わたしは生きている、と感じられるように！
そしてわたし、この孤独な者のまえに
死んだように横たわっていた自然のひとつの変化を、
ひとつの事業を、目のあたりにできるように。

（「野外にて」）

あなたにとてもとても会いたくて、もういまから九月を楽しみにしています。ただし——そのまえにあなたがどこか田舎で日をすごした場合だけですよ。ちょうどいま外で、またお腹を空かせたカンムリヒバリの雛が泣き声をあげています——これでもう二度目の「お産」の子なんですよ。そのたびにわたしはとても興奮してしまいます！……近いうちにまたお便りしますね。

あなたの

RL

ブレスラウ　一九一八年九月一二日

最愛のゾニチュカ、あなたの最近の二通の手紙、どんなにうれしかったことか！　わたしはずいぶんまえから手紙を書きたかったのですが、どうも体調があまりよくなくて。それにあなたには、いつもただ元気で明るい様子だけ見せたい、そうやってあなたにもそういう気分になってほしいと思ったものですから。今日のわたしはまだ快調とまではいきませんが、これ以上ぐずぐずせずに、とりわけあなたの訪問の件で了解しあいたいのです。一〇月に来てくださるというあなたの言葉をしっかり心に留めておきますよ！　もういまから抑えが利かないほど待ちこがれています。このことは同時にマルタ〔・ローゼンバウム〕にも書き送っておきますから、あなたはこの取り決めをもう変更しないでくださいね。むろん、あなたがそれでよければの話です！　もしもなにか差し支えが生じて一〇月の訪問がむずかしくなったら、遠慮なくそう手紙で知らせてください（ただし、だれかほかの人と面会の「交換」を取り決めたりしないこと）。お知らせがなければ、予定どおり、一〇月にあなたをお待ちします、いいですね？　こんどはきっと一度か二度、いっしょに外へ出かけられるでしょう、それがなにより楽しみでなりません。ここではまだ一度もあなたといっしょに野外に出て、少しばかり世界を見る喜びを味わっていないのですもの。マティールデ〔・ヤーコプ〕に訊けば、手続きのやり方を教えてくれます、いいえ、簡単だからいまわたしが教えましょう。九月のうちにここの司令官宛に書面で、二回の面会と二回の外出の許可申請をお出しなさい。そしたらわたしたち、何時間もここの森をいっしょに行進して花を集めましょう！

マティールデの話では、あなたはお母さんからお便りがあってから、まるで新しく生まれかわったようですってね。ほんとに安堵しました。あなたの手紙からも、いくらか野外に出るのを愉しんでいるようすがわかります。でも残念でならないのは、本格的な田舎逗留をなさらなかったことですよ。東と西の情勢について、わたしたちが考えたり感じたりすることはほぼ同じか、少なくとも似たようなものでしょう。事態の混乱ぶりは、人間の理性が働きはじめるよりまえに、とうとういま途方もない極限にまで登りつめようとしていると見えます。でも結局はなんといっても人間の理性がその支配力を行使しなければなりません。――わたしはいま一六、一七世紀の古いドイツ文学をたくさん読んでいます。そのかたわら、すばらしい植物学の本も。まるで一連の純粋なおとぎ話のような感じがします。でもこれは厳密に学問的な基本文献なんですよ。――『失楽園』〔アントン・フォン・ペルファルの小説〕はわたしにはとても読めません。以前、何度か読みかけたことがありますが――どうしてもだめでした。いまはトルクァート・タッソの『エルサレム解放』を読んでみようとしているところですが、これもやはり成功は望み薄。この手の本だと、わたしには光が消えてしまうのです。あなたは読み通せます？　贈ってくださったフラマン語の本には、すばらしくいいスケッチが載っていて、ときにテニールスを、そしてまたしても地獄のブリューゲルを思い出させますね。

最愛のひと、いつお出でになるかを早く知らせてください。

千遍もの挨拶と抱擁を

あなたのＲＬ

ブレスラウでは監獄の司令官が保護拘禁者に、月に一回か二回、監視官付きながら長時間の外出を許すようになった。ローザは久しぶりに外界に触れて最初は疲労困憊したものの、この年の春からは友人との遠出を心から愉しむようになったと、マティールデ・ヤーコプは記している。

ちょうどこの九月から一〇月にかけて、ローザはボリシェヴィキの政策を批判的に論じた彼女の最後の著作『ロシア革命』に取り組んでいた。かつての『社会民主党の危機』（ユニウス・ブロシューレ）と同様に、こんどの原稿もマティールデがひそかに獄外へ運び出した。

［ブレスラウ］　一九一八年一〇月一八日

最愛のゾニチュカ、一昨日あなたに手紙を書きました。今日になってもまだ首相宛のわたしの電報になんの回答もなく、まだ数日かかるかもしれません。いずれにしても一つだけはっきりしているのは、わたしは監視つきで友だちと面会するなんてもうご免だという気分になっていること。これまで何年もじつに我慢づよくすべてに耐えてきましたし、事態がいまのようになっていなかったなら、このさき何年もやはり忍耐しつづけたことでしょう。けれど状況の全般的激変が起きてからは、わたしの心理にもひび割れが生じました。監視下でほんとうに関心のあることを話せない会話なんて、もう負担に感じるばかりですから、だれとの面会も自由人として会えるときまで諦めるほうがましなのです。

もうこのまま長く続くことはありえません。ディットマンとクルト・アイスナーが釈放されたからには、わたしをこれ以上獄につないでおくことはできないし、カールもまもなく自由の身となるでしょう。だからわたしたち、ベルリンでの再会を待つことにしましょう。

その日まで、千回ものご挨拶を。

いつもあなたの
ロ ー ザ

この手紙の三週間後、ドイツ革命の嵐が全土に及んだ一一月八日の午後、ついにローザは釈放された。翌九日、ローザはブレスラウ中央広場の市役所バルコニーから大群衆をまえにして演説をおこない、そのあと汽車でベルリンに到着すると、ただちにカール・リープクネヒトとともにスパルタクス・グループの先頭に立って息つく暇もない活動に飛びこんでいった。そして翌年、ベルリンの一月蜂起が政府軍によって鎮圧された直後、反革命義勇軍の手に捕らえられて殺され、屍は夜のラントヴェア運河に投げ捨てられたのだった。

彼女の生涯の最後の二か月について、マティールデ・ヤーコプが残した走り書きの報告によると、ローザは『ローテ・ファーネ』の編集長として毎晩真夜中まで猛然と働き、あれほど恋しがったズュートエンデの自宅には、反革命勢力からの襲撃の危険があって帰れなくなり、ホテルからホテルへと変名で移動し、果ては潜伏場所を個人に頼るしかなくなった。彼女とリープクネヒトについて誹謗デマが流され首に懸賞金までかけられた。マティールデは道行く人が「やつらをバラバラに切り刻んで猛獣の餌にしてやりゃいい」と言うのを耳にしている。

ローザの死後まもなく、親友だったクララ・ツェトキンはこう書いている。「ローザ・ルクセンブルクは稀にみる意志の人だった。きびしい自制心が彼女の燃えあがる炎を内に隠し、沈着冷静の陰に押しこめた。彼女の感じやすい性質は外からの攻撃から彼女を守る防御物を必要とした。冷たく自分の中に閉じこもる見かけが、ほかならぬ繊細で深く豊かな感情生活をおおいかくした。……彼女の友情は誠実、献身、自己犠牲、やさしい配慮そのものであった。〈近寄りがたい狂信者〉などと言われたが、友人たちには、活気と才気をまきちらす魅力ある話し相手だった。小柄で病身ながら、ローザは比類のないエネルギーの権化だった。彼女はどんな瞬間にも自分自身にたいして最高のものを要求し、それを得た。過労でくずおれそうになったときはつねに、いっそう大きな仕事を果たすことで〈休養〉した。仕事と闘いのときこそ、彼女の翼は大きくひろがったのである。」

カール・リープクネヒト　1919年1月

ラントヴェア運河に作られたローザ・ルクセンブルク碑

あとがき

いまから三週間まえ、私は友人たちとドイツ映画『ローザ・ルクセンブルク』（マルガレーテ・フォン・トロッタ監督、一九八五年）のビデオを観て、その鮮烈な印象を語りあったところでした。その数日後、この本の翻訳初校ゲラを読み終えて一息ついた翌日、大地震と津波が東北と関東を襲いました。それからの一週間あまり、すさまじい災害の情報に、なす術もなくおろおろしながら、脳裏にはたえずローザの時代の世界大戦と革命の諸場面と、ほぼ一世紀後のいま、一日中テレビから流れ出る津波の惨害と福島の原発事故の映像が重なりあい、記憶の底からは十代はじめの私の目のまえに拡がっていた東京の焼け野原の光景と、忘れようもないヒロシマ原爆図が頭をもたげて、ざわざわと音を立て続けています。

ローザがこの獄中書簡を書いたのは、まさしく世界の「蝶番が外れてしまった」時代のただ中ででした。いまの私たちには、この比喩のもつリアリティの重みはひとしお痛切に感じとれます。しかし彼女はなにがあろうと、つねに生を肯《うべな》い、所与の現実から生きる歓びをかちとる力をそなえていました。ポーランドから亡命してきたびっこをひくユダヤ女という負の刻印にもかかわらず、自分を犠牲者と見ることで批判と反逆のエネルギーを得たのではありません。彼女は獄中で訳したコロレンコの『同時代人の歴史』への「まえがき」に書いています。「鳥が飛ぶためにつくられたように、人間は幸福になるためにつくられた」。これが明日の世界への「意志のオプティミズム」（グラムシ）とも呼べる彼女独得のパトスの源にあるのです。

革命家としてのローザは死後、殉教者としての伝説的オーラに包まれ、その知性と勇気が賛美されてきた反面、理論家としては、レーニンと違う見解を示したすべての問題で彼女は「誤っている」とされ、さらにスターリン時代になるとルクセンブルク主義のレッテルを貼られて攻撃を受け、遺作の出版も途絶えました。復活の最初の兆しがあらわれたのは一九六八年からの新左翼運動においてです。マルガレーテ・フォン・トロッタは当時の学生デモで、マルクス、レーニン、ホー・チ・ミン、チェ・ゲバラの写真プラカードにまじってただ一人女性のローザの「厳しい、ほとんど悲しみをたたえたような、美しい顔」を見て強烈な印象を受け、映画でこの闘士の人間としての全体像を描こうと心に決めたと語っています。映画が完成して公開されたのは、社会主義圏での体制崩壊がとどめがたく進行しはじめていたころのことです。そしていまでは世界の各地で、マルキシズムのドグマからきわめて自由だった彼女の思想と実践を、自然とののびやかな交感を生きた彼女の内面と一体のものとして捉えて、あらたに読み直す努力が静かに進んでいるように見受けられます。

日本のいまの状況のなかでローザの手紙が出版されるのは、まことに彼女にふさわしいと思えてなりません。

二〇一一年三月二一日

大島かおり

［植物］

p. 49	ウラジロハコヤナギ, ギンドロ	Silverpappel	Populus alba
	英 white popular, 西洋種, 葉の裏に銀白色の綿毛が密集		
p. 50	マロニエ, ウマグリ	Kastanienbaum	Aesculus hippocastanum
	日本のトチノキの近縁種. ドイツ語では栗と実の外見的類似から同じ名がついているが, 全く別種の木		
p. 60	クロウメモドキ	Faulbaum	Frangula alnus
	ヨーロッパに自生するクロウメモドキ科の灌木で, 緑いろがかった白い花をつける		
p. 74	イボタノキ	Liguster	Ligustrum vulgare
	英 privet, 西洋種. 白い花が円錐花序をなし, 香る. 日本のイボタノキは Ligustrum japonicum		
p. 100	クロヤマナラシ, クロポプラ	Schwarzpappel	Populus nigra
	英 black popular, ヨーロッパの自生種, 日本ではポプラの名で通っている		
p. 101	トネリコ, セイヨウトネリコ	Edelesche	Fraxinus excelsior
	モクセイ科トネリコ属, 春に地味な花をつけ, 実は翼果. 日本のトネリコは Fraxinus japonica		
p. 109	ハナキササゲ	Trompetenbaum	Catalpa
	ノウゼンカズラ科, 東アジア, 北アメリカ原産. 夏に襞飾りのついた小さなラッパ型の花が咲く		
p. 112	チコリー, キクニガナ	Zichorie	Cichorium intybus
	菊苦菜, 花茎 1 メートルほどの野生多年草. 軟白栽培された芽をサラダに食用		
p. 134	ニワトコ, セイヨウニワトコ	Holunder	Sambucus nigra
	英 elder, 花は黄白色の集散花序, 強い芳香. 日本種は Sambucus sieboldiana		
p. 135	カリン, セイヨウカリン	Zwergmispel	Mespilus germanica
	初夏にスミレ色の花, 実は直径 2, 3㎝のリンゴ型, 葉は先端が尖っている		
p. 135	ギンバイカ, ミルテ	Myrte	Myrtus communis
	ほかの和名：イワイノキ, ギンコウバイ		
p. 153	ドイツトウヒ	Fichte	Picea abies
	日本のトウヒ属で代表的なエゾマツは Picea jezonensis		

動植物表

初出ページ	和名もしくは外来名	ドイツ名	学名
［鳥類］			
p. 48	ジョウビタキ	Rotschwanzchen	Phoenicurus ochruros
	尾が赤い．日本にいるのは Phoenicurus auroreus		
p. 48	ナイティンゲール，小夜啼鳥	Nachtigall	Luscinia megarhynchus
	ヨーロッパ，南西アジア．ヒタキ科の渡り鳥，体は茶色，尾は赤味		
p. 51	アリスイ	Wendehals	Jynx torquilla
	英 wryneck，キツツキ科の鳥，背は灰褐色に複雑な斑紋入り		
p. 53	シジュウカラ	Kohlmeise	Parus major
	英 great tit，頭と首が黒く，頬が白，腹部は黄色い．日本にいるのは近縁種の Parus minor		
p. 65	アオカワラヒワ	Grünling	Carduelis chloris
	英 European greenfinch，アトリ科，ヨーロッパ全域にいる．黄緑色		
p. 65	ズアオアトリ	Buchfink	Fringilla coelebs
	ヨーロッパ全域で見られるが日本には渡ってこない．頭と首が青灰色，体は褐色		
p. 65	アオガラ	Blaumeise	Parus caeruleus
	英 blue tit，中部ヨーロッパではよく見られるが日本にはいない．頭と羽根が青い		
p. 110	カンムリヒバリ	Haubenlerchen	Galerida cristata
	ユーラシア大陸温帯およびアフリカで繁殖		
p. 149	ニシコウライウグイス	Pirol	Oriolus oriolus
	嘴はローズ色，からだは黄色か褐色，羽根は黒，美声		
p. 156	ホシムクドリ	Star	Strunus vulgaris
	東ヨーロッパに多い．全身に白い斑点がある．日本には少数が冬鳥として来る		

本書は、二〇一一年月四月にシリーズ「大人の本棚」の一冊として小社より刊行された『獄中からの手紙』を、単行本（新装版）として刊行するものです。

著者略歴

(Rosa Luxemburg　1871-1919)

1871年3月5日，当時ロシア支配下にあったポーランドのザモシチに，同化ユダヤ人の商人の末娘として生まれる(1870年生まれの説もある)．高校時代より社会主義運動に加わり，18歳のとき，逮捕の危険を逃れてスイスへ亡命，チューリヒ大学で学びながらポーランドの運動のためにはたらき，学位取得後にドイツ市民権を取得してベルリンに移住．以後，本格的に政治活動・文筆活動をおこなう．1904年以降は幾度となく投獄されながらも，ドイツ社会民主主義陣営の政治理論家・革命家として活躍し，とくに第一次世界大戦が始まって社会民主党が戦争支持にまわってからは，党内最左派として反戦活動に力を注ぎ，そのため長い獄中生活を強いられる．ドイツ敗戦後の1918年11月に釈放された後，カール・リープクネヒトとともにスパルタクス団を再編し，機関紙 *Die Rote Fahne*（『赤旗』）の編集長，1918年12月から1919年1月1日のドイツ共産党創設にあたってその中心メンバーとなる．それから二週間後の1919年1月15日，ベルリンでの争乱のさなか反革命軍によって虐殺された．邦訳されている著書に『ローザ・ルクセンブルグ選集』（全4巻，現代思潮社，1962-63）『資本蓄積論』（青木文庫，1952）『経済学入門』（岩波文庫，1978）『ロシア革命論』（論創社，1985）など．ゾフィー・リープクネヒト宛てをはじめ，カールおよびルイーゼ・カウツキー宛て，ヨギヘス宛て，マティールデ・ヤーコプ宛てなど数々の書簡集も刊行されている．

訳者略歴

大島かおり〈おおしま・かおり〉 1931-2018．東京女子大学文学部卒業．訳書　エンデ『モモ』（岩波書店，1976），ホフマン『黄金の壺／マドモワゼル・ド・スキュデリ』『砂男／クレスピル顧問官』（光文社古典新訳文庫，2009，2014）のほか，みすず書房からはアーレント『全体主義の起原』2・3（共訳，1972，1974，新版2017），アーレント『ラーエル・ファルンハーゲン――ドイツ・ロマン派のあるユダヤ女性の伝記』(1999)，『アーレント＝ハイデガー往復書簡　1925-1975』（共訳，2003，新装版2018），『アーレント＝ヤスパース往復書簡　1926-1969』（全3巻，2004），フィールド『天皇の逝く国で』（1994，増補版2011），『祖母のくに』(2000)，アーレント『反ユダヤ主義――ユダヤ論集1』『アイヒマン論争――ユダヤ論集2』（共訳，2013），『アーレント＝ブリュッヒャー往復書簡』（共訳，2014），ヤング＝ブルーエル『ハンナ・アーレント――〈世界への愛〉の物語』（共訳，2021）などがある．

ローザ・ルクセンブルク
獄中からの手紙
ゾフィー・リープクネヒトへ
大島かおり編訳

2011年4月20日　初　版第1刷発行
2021年4月9日　新装版第1刷発行

発行所　株式会社 みすず書房
〒113-0033 東京都文京区本郷2丁目20-7
電話 03-3814-0131(営業) 03-3815-9181(編集)
www.msz.co.jp

本文組版　キャップス
本文印刷所　平文社
扉・表紙・カバー印刷所　リヒトプランニング
製本所　誠製本

ISBN 978-4-622-09011-3
[ごくちゅうからのてがみ]